一本书

识破财务诡计

张轶 编著

——常见财务作假手段的防范与识别

中华工商联合出版社

图书在版编目（CIP）数据

一本书识破财务诡计：常见财务作假手段的防范与识别 / 张轶编著. -- 北京：中华工商联合出版社，2024.8. -- ISBN 978-7-5158-4065-9

Ⅰ.F231.6

中国国家版本馆CIP数据核字第2024VE2075号

一本书识破财务诡计：常见财务作假手段的防范与识别

作　　者：	张　轶
出 品 人：	刘　刚
责任编辑：	吴建新　关山美
装帧设计：	河北芬创文化传播有限公司
责任审读：	付德华
责任印制：	陈德松
出版发行：	中华工商联合出版社有限责任公司
印　　刷：	三河市宏盛印务有限公司
版　　次：	2024年9月第1版
印　　次：	2024年9月第1次印刷
开　　本：	710mm*1000mm　1/16
字　　数：	220千字
印　　张：	14.75
书　　号：	ISBN 978-7-5158-4065-9
定　　价：	68.00元

服务热线：010-58301130-0（前台）
销售热线：010-58301132（发行部）
　　　　　010-58302977（网络部）
　　　　　010-58302837（馆配部）
　　　　　010-58302813（团购部）
地址邮编：北京市西城区西环广场A座
　　　　　19-20层，100044
http://www.chgslcbs.cn
投稿热线：010-58302907（总编室）
投稿邮箱：1621239583@qq.com

工商联版图书
版权所有　侵权必究

凡本社图书出现印装质量问题，请与印务部联系。
联系电话：010-58302915

前　言

本书写作目的

　　财务报表舞弊行为严重威胁市场参与者对财务信息的信心，耗费公司巨额资金，属于不被接受的、非法的企业行为。财务报表舞弊行为的机会增加，会使公司的控制权削弱，公司治理弱化，也恶化了其审计质量。要防范财务报表舞弊行为，就应完善公司治理，提高公司会计信息质量。确保聘用更客观、独立的会计师事务所进行更有效的监督，以提高审计质量；避免审计人员从事的活动可能造成潜在的利益冲突（如内部审计、信息技术），同时创建全新的会计监管体系以改善审计效果。此外，还要鼓励上市公司参与建立防欺诈检测战略，对发现财务报表欺诈和舞弊行为发挥积极作用。

　　财务舞弊识别具有以下几个特点：

　　一是专业要求高。在财务舞弊识别实务操作过程中，环节多元、流程复杂、涉及的专业知识多，需要从业者具有极高的专业素质。因此，从业者必须通过系统性学习，融会贯通形成完整的知识体系，才能更好地完成财务舞弊识别的工作。

　　二是重要性凸显。财务舞弊行为严重威胁市场参与者对财务信息的信心，削弱公司的控制权，使公司治理弱化，造成严重负面影响，因此对财务舞弊的识别显得尤为重要。

三是范围涉及广。从事财务舞弊识别的工作人员，不仅需要专门学习财务舞弊相关知识，还需要熟悉财务、法律、公司管理等各个领域的专业知识，涉及的知识面广；在一项财务舞弊识别过程中，工作人员需要了解公司经营状况、股权结构、规章制度、法律关系、潜在风险等，对目标公司的了解内容细致、广泛。

四是实践性强。财务舞弊识别是一项实操性很强的工作，在实务工作中，面临的情况五花八门，需要注意的细节数不胜数，遇到的问题纷繁复杂，从业者往往需要有丰富的理论和实践经验积累，深入了解各种情况及相应的解决措施，才能灵活应对财务舞弊识别过程中出现的各种问题。

当前市场上，很多财务舞弊识别的新手不知如何入门，缺少系统性的学习和培训材料，从业者也常常在实践操作过程中遇到各种问题，难以找到应对方法。而财务舞弊相关书籍寥寥可数，且存在综合性不强、实务指导作用不强等问题。市场对包含法律、财务、管理等多领域的综合性财务舞弊书籍有相关需求，用以指导实践。

本书特色

本书立足于不同情境下的财务舞弊识别的需要，对识别财务舞弊的基本流程、基本工具与方法、常见问题做了细致的梳理和讲解，列举了大量真实的财务舞弊识别案例，将理论与实践相融合，具有极强的实务操作指导意义和商业价值。本书的特点包括以下几个方面：

第一，内容权威，全面翔实。本书从资产负债表的资产、负债、所有者权益以及利润表和现金流量表会计科目逐步深入，层层剖析，内容全面多元化。同时，本书注重理论与实践的深度融合，有大量优秀案例用于支撑理论分析，确保全书的全面性、整体性、系统化，完全可以作为从业者的案头必备手册。

第二，通俗易懂，图文并茂。本书分类清晰、段落分明，利用各种通俗易懂的图表将抽象的财务舞弊识别具体化，使读者更加简洁明了地掌握财务舞弊识别这项专业的工作内容，重点讲解调查实务中的操作，真正指导工作实践。通俗易懂的讲解，加上实际操作图表，给读者留下一个清晰直观的印象，也便于不了解财务舞弊识别工作的非专业人士学习。

第三，案例丰富，可操作性强。本书对于各种类型的调查的分类形式讲解，结合实际的操作流程与适当的案例，对于操作中容易遇到、容易忽视的问题做到贴心的解答与提示，帮助读者尽快入手。

本书使用方法

本书体系完整，重点突出，囊括了现代商业社会中所需的多项技能。通过阅读、查阅本书，将会给不同需求的读者带来不同的收获。

财会专业师生：了解财务舞弊识别的实务操作和基本知识。

从业人员：协助从业者了解财务舞弊识别相关流程和基本操作，解决实操中常见问题。

企业经营管理者：了解财务舞弊识别相关知识、环节和重点，便于管理。

企业培训和咨询人员：系统性地了解财务舞弊识别相关知识。

本书功能作用

本书通过对财务舞弊识别过程中需要重点关注的各类科目进行梳理总结，每个关注点详细介绍了调查的重点和注意事项，部分关注点包含了具体财务舞弊识别的案例，对不同情境下的财务舞弊类别进行梳理总结，是从业人员在实践工作中的指导工具书。本书同时适合高校金融专业师生、企业经营管理者、企业培训和咨询人员阅读和使用。

本书的编写过程中，得到了多位企业财务人员、国家税务机关工作人员的热情支持，在此一并表示感谢。由于作者水平有限，书中疏漏在所难免，恳请广大读者不吝指正，期待读者一起参与，笔者将与大家共同努力，争取将财务舞弊识别的理论与实践推向更高的境界。

编者
2024 年 7 月

目 录

第1章 资产类科目常见财务舞弊手段 ... 1

1.1 存货 ... 4
- 1.1.1 科目特点 ... 4
- 1.1.2 存货各阶段财务舞弊手段 ... 7
- 1.1.3 存货舞弊典型表现与识别 ... 10

1.2 货币资金 ... 17
- 1.2.1 科目特点 ... 17
- 1.2.2 货币资金常见舞弊 ... 18
- 1.2.3 货币资金舞弊的典型表现与识别 ... 21

1.3 固定资产 ... 25
- 1.3.1 科目特点 ... 25
- 1.3.2 固定资产舞弊的三种模式 ... 27
- 1.3.3 固定资产舞弊的典型表现与识别 ... 32

1.4 商誉 ... 38
- 1.4.1 科目特点 ... 38
- 1.4.2 商誉常见舞弊 ... 41
- 1.4.3 商誉价值的判断 ... 44

1.5 投资性房地产 ... 47
1.5.1 科目特点 ... 47
1.5.2 投资性房地产真实价值识别手段 ... 56
1.5.3 投资性房地产财务舞弊主要方法 ... 60

1.6 股权投资 ... 65
1.6.1 科目特点 ... 65
1.6.2 股权投资舞弊常见表现 ... 73
1.6.3 股权投资舞弊识别 ... 75

第2章 负债类科目常见财务舞弊手段 ... 93

2.1 短期借款 ... 97
2.1.1 科目特点 ... 97
2.1.2 短期借款舞弊常见表现与识别 ... 102

2.2 应付票据 ... 104
2.2.1 科目特点 ... 104
2.2.2 应付票据舞弊常见表现与识别 ... 106

2.3 应交税费 ... 111
2.3.1 科目特点 ... 111
2.3.2 应交税费舞弊常见表现与识别 ... 125

2.4 长期借款 ... 127
2.4.1 科目特点 ... 127
2.4.2 长期借款舞弊常见表现与识别 ... 130

2.5 长期应付款 ... 133
2.5.1 科目特点 ... 133
2.5.2 长期应付款舞弊常见表现与识别 ... 135

2.6 其他应付款 135
　　2.6.1 科目特点 135
　　2.6.2 其他应付款舞弊常见表现与识别 136
2.7 应付账款 138
　　2.7.1 科目特点 138
　　2.7.2 应付账款舞弊常见表现与识别 139
2.8 应付职工薪酬 144
　　2.8.1 科目特点 144
　　2.8.2 应付职工薪酬舞弊常见表现与识别 149

第3章　所有者权益类科目常见财务舞弊手段 155

3.1 实收资本 157
　　3.1.1 科目特点 157
　　3.1.2 实收资本舞弊常见表现与识别 162
3.2 资本公积 164
　　3.2.1 科目特点 164
　　3.2.2 资本公积舞弊常见表现与识别 168
3.3 留存收益 170
　　3.3.1 科目特点 170
　　3.3.2 留存收益舞弊常见表现与识别 171

第4章　利润表相关科目常见财务舞弊手段 175

4.1 收入 177
　　4.1.1 科目特点 177
　　4.1.2 收入舞弊主要手段 182
　　4.1.3 收入舞弊识别方法 184

4.2 成本费用 191
4.2.1 成本舞弊 191
4.2.2 费用舞弊 195
4.3 利润 198
4.3.1 利润表舞弊的形式与审计 199
4.3.2 案例分析 203

第 5 章 现金流量表常见财务舞弊手段 211
5.1 怎么看现金流量表 212
5.1.1 企业赚的钱——经营活动 212
5.1.2 企业借的钱——筹资活动 213
5.1.3 赚的钱做投资——投资活动 214
5.2 现金流量表舞弊主要手段 215
5.2.1 筹资流入变成经营流入 215
5.2.2 经营流出变成投资流出 216
5.2.3 投资流入变成经营现金流入 217
5.2.4 粉饰"收到的其他与经营活动有关的现金" 218
5.2.5 虚增现金流 219
5.3 现金流量表舞弊识别 220
5.3.1 关注现金流量表准则提供的判断空间与选择余地 220
5.3.2 关注理财策略、营销手段影响现金流收付的发生时间 221
5.3.3 关注对经营活动现金流直接造假现象 222

第1章
资产类科目常见财务舞弊手段

本章主要以存货、货币资金、固定资产、商誉、投资性房地产、股权投资六个科目进行介绍，这六个科目为财务舞弊常发科目，本章对其会计处理及实务处理都进行了详细的介绍，同时对不同科目相对应的常见财务舞弊手段进行了分类及详细介绍，配合相应案例介绍便于理解。

存货舞弊识别是企业审计中的一个重要组成部分，面对日益高明的舞弊手法，只要审计师时刻保持警惕，对审计对象的财务报告中不合理的操作方法加以仔细审查和推敲，终究会使造假的企业现形。

通常来说，存货舞弊的常见动机主要有：

（1）管理层为了获取年薪或上级按其经营业绩考核给予的大额奖金，以及完成主管部门下达的经济指标或者其他如期权奖励、股权奖励等。

（2）提高商誉对外筹资的需要。如发行股票、发行企业债券、取得银行贷款、进行融资租赁或取得其他商业信用资金。

（3）迫于证券市场的压力。如公司面临退市或可能被其他公司收购、股价大幅下跌影响公司正常经营。

（4）规避税负，偷逃增值税、所得税。

（5）在企业改制、资产重组、清产核资等涉及资产或产权价值、结构变动的重大经济活动中侵占国有资产。

（6）满足资本资质要求，特别是流动资产占整个资产的比重较高时。

（7）其他，如经管人员贪污、挪用、私分存货等。

货币资金舞弊识别是指对企业的现金、银行存款和其他货币资金收付业务及其结存情况的真实性、正确性和合法性所进行的审计识别。加强货币资金审计，评审货币资金内部控制制度的健全性和有效性，审查货币资金结存数额的真实性和货币资金收付业务的合法性，对于保护货币资金的安全完整，揭示违法犯罪行为，维护财经法纪，以及如实反映被审计单位的即期偿债能力等，都具有十分重要的意义。

固定资产舞弊的识别则是指对固定资产实物数量实存情况所进行的审计，其目的是保证固定资产的完整和完好无损，是固定资产舞弊识别的重要方面。对固定资产的真实性、完整性进行的审计是进行固定资产舞弊识别的重要组成部分，要点有：

（1）查核固定资产账表、账账、账卡是否一致。

（2）固定资产账实是否相符。

（3）对盘盈的固定资产应查明原因并注意：购入、领用原作低值易耗品处理，而清点时作固定资产的，要查对两者之间划分标准，据以确定是否应从低值易耗品转为固定资产；用流动资金搞计划外购建的，支出时已挤入成本，这类盘盈，除了记入固定资产账户外，还应调整成本或利润账户；原已进行报废处理，后因需要重新使用，对于这类盘盈，经技术鉴定，确实可以使用的，应转入固定资产账户；大型企业各车间部门间相互串用而发生盘盈，核实后，归还原主或办理固定资产转移手续；虽已完工交付使用，但未入账，发现盘盈后应尽快办理增加固定资产手续。

（4）对盘亏的固定资产要查明原因，补办手续，进行会计调账处理，属于人为损坏或其他舞弊行为，要追查责任。

（5）股份制企业对盘盈、盘亏、毁损的固定资产，应当查明原因，写出书面报告，经批准后进行处理，发生的损益，列作营业外收入或营业外支出。

股权投资的舞弊识别应该先确定其核算方法，股权投资核算主要分为成本法和权益法。成本法，只有分红才确认收益，影响净利润；权益法，按照公允价值确认收入，影响净利润。

一般规定：持股比例50%以上，成本法；持股比例刚好50%，权益法；持股比例20%~50%，权益法；持股比例低于20%，按金融工具准则处理。通过增持1%，达到十几亿元的投资收益，这不是开玩笑的。因为可以通过增持1%的股份，从联合营公司变成并表子公司，增加投资收益。股权投资收购一家公司，可以说是一把双刃剑，可以增加收入和利润，同样，母子公司关联交易也可以调节利润。股权投资对赌一般很可能伴随减值，但是如果收购后出现业绩变脸的话，很可能就是一堆烂摊子，出现巨额减值的情况。

一般而言，母子公司的关联交易是在合并财务报表中需要内部抵消，即从左口袋放到右口袋，并不会增加收入或者利润。但是如果在母子关联交易虚增一个第三方，通过第三方过渡一下，这一层的内部抵消关系就清除了，就会虚增一笔收入和虚增一笔资产，达到调节利润的效果。

对于这些我们需要关注的是：第一，关联交易越多的公司，越蹊跷；第二，大额母子关联交易，需要核实真实的情况；第三，对于既是大额采购的供应商又是大额的收入的客户，需要关注是不是所谓的过渡的第三方。

接下来，本章下文将详细对这六个科目的舞弊识别进行详细介绍。

1.1 存货

1.1.1 科目特点

1. 存货科目定义和入账方法

（1）存货定义。

存货，根据《企业会计准则第1号——存货》，指企业在日常活动中持有以备出售的产成品或商品、处在生产过程中的在产品、在生产过程或提供劳务过程中耗用的材料和物料等，通常包括各类材料、在产品、半成品、产成品或库存商品以及包装物、低值易耗品、委托加工物资等。

（2）存货科目入账方法。

①存货的初始计量。

存货按照成本进行初始计量，其成本包括采购成本、加工成本和其他成本。

采购成本——主要包括购买价款、相关税费、运输费、装卸费、保险费、运输中存货的合理损耗、入库前的挑选整理费用等其他可归属于存货采购成本的费用。

加工成本——包括直接人工（企业在生产产品和提供劳务过程中发生的直接人员的职工薪酬）和按照一定方法分摊的制造费用（企业为生产产品和提供劳务发生的各项间接费用）。

其他成本——除了上述成本以外的，使存货达到目前场所和状态所发生的其他支出，如企业设计产品发生的设计费用通常应计入当期损益，但是为特定客户设计产品所发生、可直接确定的设计费用应计入存货的成本。

②存货的后续计量。

存货的后续计量是指发出存货成本的确定。存货领用和结转按照不同存货实物流转假设，存货计价方法有先进先出法、加权平均法、个别计价法等。加权平均法又分为月末一次加权平均法和移动加权平均法。

采用不同方法进行存货后续计量，对企业的资产负债表、利润表和现金流量表均产生不同影响。在价格上涨的情况下，为维持较高的利润，企业倾向于选择先进先出法进行存货计价。此外，不同的计价方法对财务指标影响亦不同。物价上涨过程中，流动性指标方面，先进先出法下存货账面价值随之增加，销货成本偏低，导致企业的存货周转率偏低，流动比率、存货周转天数、营运周期偏高；盈利指标方面，先进先出法下，低估产品销售成本，净利润偏高，进而高估企业的盈利能力；长期偿债方面，物价上涨时企业税前利润高估，EBITDA 利息保障倍数偏高，企业的长期偿债能力易高估，如表 1-1 所示。

表 1-1　物价上涨时，不同计量方法对财务报表的影响

计量方法	对资产负债表的影响	对利润表的影响	对现金流量表的影响
先进先出法	期末存货账面价值偏高	发出存货成本偏低，增大企业当期利润	企业多缴所得税，增加当期现金流出
月末一次加权平均法	期末存货账面价值偏低	发出存货成本偏高，低估企业当期利润	企业少缴所得税，减少当期现金流出
移动加权平均法	期末存货账面价值偏低，幅度小于月末一次加权平均法	发出存货成本偏高，低估企业当期利润，但与月末一次加权平均法相比，包含了存货价格长期变动趋势，各期利润相对较均衡	企业少缴所得税，减少当期现金流出，但与月末次加权平均法相比，各期所缴税费相对较均衡
个别计价法	期末存货账面价值计算最准确	无	无

③存货的期末计量。

存货的期末计量，按照成本与可变现净值孰低计量。存货成本高于其可变现净值，应计提存货跌价准备，计入当期损益。在实操中，企业往往选择性计提存货跌价准备，通过存货跌价准备进行利润调节。

2. 审计流程及存在的难点

审计机构需要编制存货明细表、核对存货总账数与明细账是否一致，实地盘存法实地盘查存货实物数量、向第三方函证寄存在外的存货等，核实存货是否真实存在、账实是否相符。但受限于审计机构的人员精力和要求，往往存在以下盲区：

外购存货，审计机构需核实存货采购合同、采购发票等，结合银行流水等入账凭证和原始凭证进行判断；受限于审计机构往往难以向供货方函证，因此对于采购发票等是否具有真实的交易背景无法进行有效判断。

自制存货，受限于对制造业企业生产工艺、产品结构等的了解，审计师对产成品成本构成的合理性较难判断；由于专业性强、品类繁杂、养

殖形式多样等因素，对农业企业的生物类存货审计难度较大；房地产企业存货中的土地成本可能存在除土地出让金、拆迁补偿款外的非货币形式的义务，此项一般较难审计，往往成为审计的遗漏之处，具体如图1-1所示。

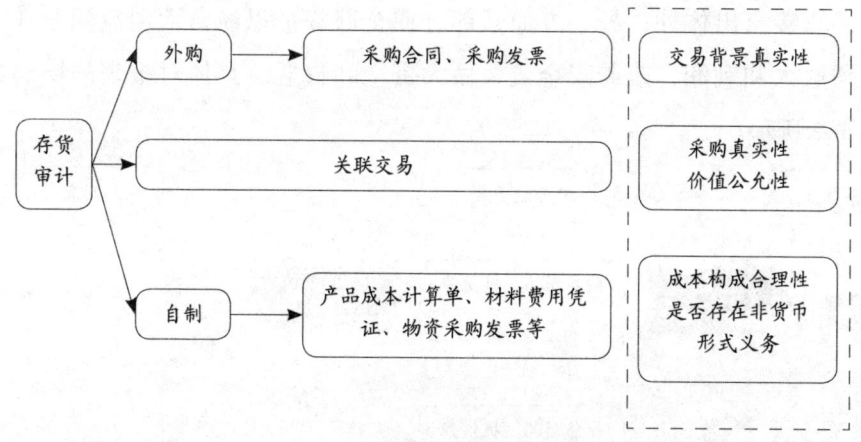

图1-1 存货审计流程和盲区

对于存货采购和销售涉及较多关联方的情况，一般审计师会对关联方进行函证，并对关联交易公允性等进行审计，若企业隐藏披露完整真实的关联方名单，将加大审计的难度。

综上所述，受限于审计师无法对相关行业属性、存货价值等做更多深入研究，审计时难免会出现遗漏。因此，信用分析人员对存货科目的真实性分析需要结合行业背景知识来综合判断。下文将介绍存货造假（粉饰）的模式以及财务表现的形式，进一步列举存货科目的粉饰手法以及识别方法。

1.1.2 存货各阶段财务舞弊手段

存货造假往往为系统性财务舞弊，涉及多个会计科目。企业出于完成业绩承诺、维持或提升股价、满足对外融资需要等目的，采取各种手段调节利润，虚增资产和收入。由于存货是变现能力相对较弱的流动资产，企业通常利用存货进行舞弊达到以下目的：

利用存货取得阶段、发出/销售阶段和盘点阶段的记账方式等不同，对收入和利润进行调节，虚增收入和资产规模；

通过存货购买销售等方式向关联方输送资金。一方面，资金不流回企业，直接流出体外；另一方面，部分或全部资金以经营活动流回企业，虚增收入和利润，改善现金流，做大资产和权益。具体对报表的影响如图 1-2 所示。

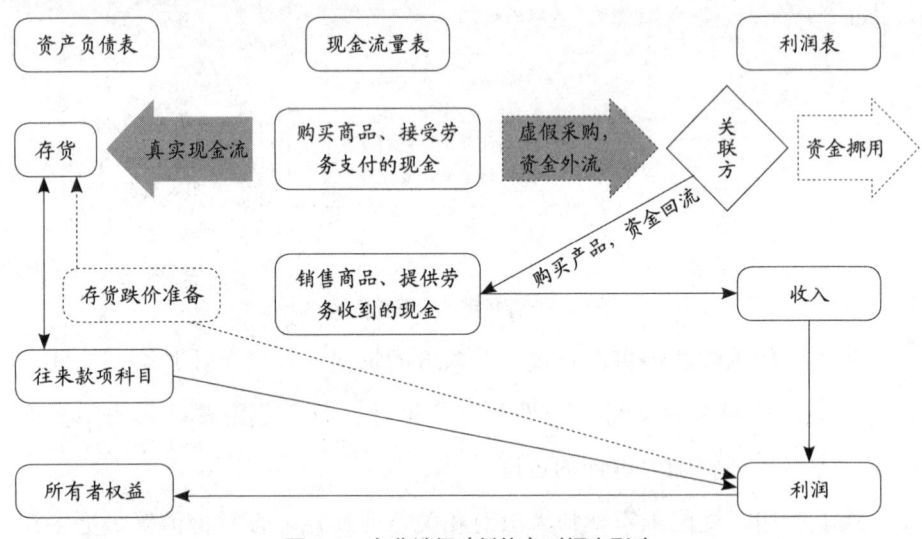

图 1-2 存货造假（粉饰）对报表影响

1. 通过存货的不同阶段调节利润，虚增收入和资产规模

（1）存货取得阶段。

①虚增虚减存货以调节收入和利润。

通过伪造装箱单、验收单、订购单、出入库单等，虚增存货数量，叠加非法购买增值税专用发票等方式，虚增营业收入和利润，增厚所有者权益，账面表现无经营现金流流入和流出。

②将存货入账至往来款项以调节利润。

当企业真实收到存货和发票时，不通过存货科目入账，通过预付账款等往来款科目入账，待未来选择利润足够多的年份将该部分预付账款一次性转为费用，以调节公司利润，账面表现为往来款科目的异常变动。

（2）存货发出或销售阶段。

调节结转至成本的存货以调节收入和利润

企业通常通过调节结转至成本的存货数量或存货类型来进行收入和利润的调节。如分期销售的商品，结转成本过程中通过少结转成本虚增当期销售利润，日后通过其他费用形式弥补结转成本，账面表现为盈利波动较大，部分期间盈利表现很好，或显著高于同行业盈利水平。此外，房地产企业由于住宅实行预售制，存货的结转留有较大的操作空间，通过将低利润项目延迟结转以虚增当期利润。

（3）存货盘点阶段。

通过存货跌价准备的计提调节利润

企业会计准则规定，存货在资产负债表日以可变现净值与成本孰低计量，若以前减记存货价值的影响因素消失，则存货跌价准备可以转回。由于减值准备的计提及转回属于会计估计范畴，具有一定主观性，因此公司通常通过计提与转回存货减值准备来进行利润调节。在公司不得不报告亏损的年度，管理层一般会夸大亏损，选择"财务洗大澡"，把未来可能发生的费用列支在亏损的当期，从而提高未来盈利的可能性。账面表现为存货跌价准备的大幅波动导致利润的增减变动。

2. 通过存货的购买销售向关联方输送资金

部分企业通过存货向关联方进行资金输送：一方面，资金不流回企业，直接流出体外；另一方面，部分或全部资金以经营活动流回企业，虚增收入和利润、改善现金流，做大资产和权益。例如某企业购买某类存货实际价值10亿元，通过与关联方协商将采购价格调整为15亿元，则多支付的金额5亿元流向关联方，而关联方可再通过虚假采购的方式将资金流回企业体内，达到虚增收入和利润、改善现金流的目的；或者某企业销售某类存货实际价值10亿元，通过与关联方协商将销售价格调整为5亿元,则少收取的收入5亿元同样被关联方占用,具体过程如图1-3所示。

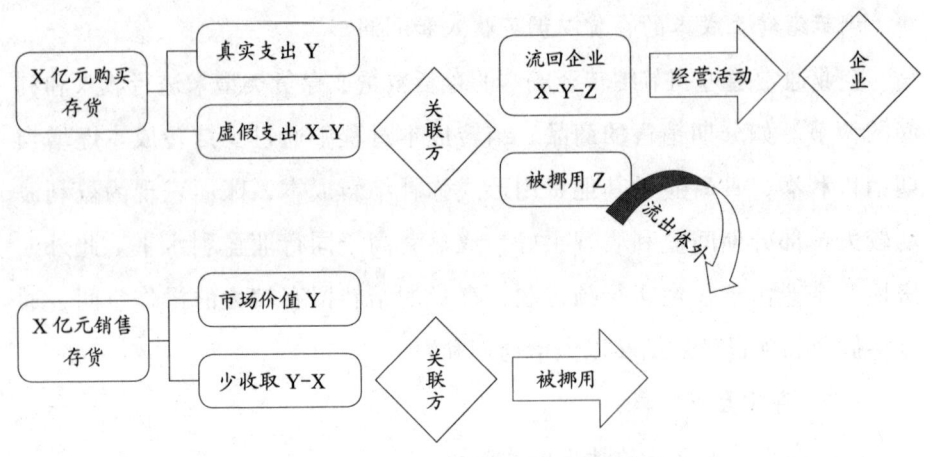

```
[X亿元购买存货] → [真实支出Y / 虚假支出X-Y] → [关联方] → [流回企业X-Y-Z] → 经营活动 → [企业]
                                                    → [被挪用Z] 流出体外

[X亿元销售存货] → [市场价值Y / 少收取Y-X] → [关联方] → [被挪用]
```

图1-3 通过存货向关联方输送资金示例

1.1.3 存货舞弊典型表现与识别

典型表现1:"无中生有",虚构存货规模和营业收入

识别方法:

(1)企业存货占总资产的比例与行业平均水平是否匹配;

(2)对比行业平均存货周转率,在考虑商业模式等因素后,存货周转率仍显著异常的企业需予以关注;

(3)存货增速及周转率与销售情况出现长期背离,经营获现表现持续较弱;

(4)企业业务拓展模式、业务规模增长速度与行业趋势是否一致,公司存货是否占有过多运营资金。

一般而言,存货占资产总额的比例相对稳定,以制造业企业为例,为预防各类突发情况企业通常会提前准备一到三个月的存货。中债资信根据申万行业分类,对化工、钢铁、有色等10个传统制造行业的上市公司存货占总资产的比例进行统计,一般制造业企业存货占总资产比例大多分布在 10%~16%，如表 1-2 所示。因此，通过企业资产负债表结构可以初步判断公司存货科目的合理性。但是，同一行业企业的存货占比因业务结构和发展阶段等因素不同会出现较大差异，实际应用中还需具体情况具体分析，选择经营情况接近的同行业企业对比更为准确。

表 1-2　截至 2019 年末存货占总资产比例情况

行业	中位数
化工	9.24%
钢铁	12.68%
有色金属	14.57%
建筑材料	8.27%
机械设备	15.68%
汽车	11.52%
家用电器	12.49%
轻工制造	12.09%
化学制药	8.12%
电气设备	12.17%

其次，存货周转是企业经营的重要环节，可参照行业存货周转率的中值辅助判断企业存货指标的合理性。但同一行业企业的存货周转率因其商业模式和存货战略不同也会出现一定偏差，如贵州茅台的存货周转率不及同类白酒行业的 1/3，但由于其独特的生产过程及品质，较低的周转率并未影响其维持良好的盈利能力，因此实际应用中还需具体情况具体分析，各主要行业的存货周转率如表 1-3 所示。

表 1-3　截至 2019 年末存货周转率情况

行业	中位数
化工	5.17
钢铁	7.26
有色金属	3.94

续表

行业	中位数
建筑材料	5.43
机械设备	2.16
汽车	4.06
家用电器	5.09
轻工制造	4.16
化学制药	2.56
电气设备	3.34
饮料制造	0.89

企业持有存货的最终目的是出售，若存货增速持续显著高于营业收入增速，存货周转率持续下降，销售额持续异常增长，同时排除提前备货、产品滞销等因素，需考虑该部分存货是否存在虚构嫌疑。一般而言，存货周转速度下降表明企业销售放缓、营运能力下降，持续实现高额收入的可能性较小。因此，若企业存货增速及周转率与销售情况出现长期背离，则很有可能存货的真实性存疑。

最后，考虑到存货对营运资金形成直接占用，需重点关注企业与行业发展趋势相悖的存货囤积行为。若企业主营产品生命周期处于衰退期、市场前景惨淡，或技术变革导致产品未来面临很大替代品威胁导致回报不确定性增加，或所处行业竞争格局异常激烈、产品盈利能力减弱而公司无法通过铺货显著提升市场地位和改善盈利能力，企业仍选择大规模囤积存货，则实际存在两种可能：一种是企业本身战略激进、盲目扩张，另一种可能是通过存货科目掩饰资金挪用或粉饰利润表。对于上述两种情况的区分还需结合企业自身资金、产销等情况来判断是否存在真实的存货。

【案例1-1】虚构存货，利益输送

AB公司主营黄金珠宝设计加工销售，存货主要为黄金。2017~2020年，

AB 公司存货占总资产的比重分别为 39.23%、35.82%、60.91% 和 23.51%，波动很大。2017~2019 年该公司收入规模增长率分别为 16.76%、23.23% 和 7.17%，而同期存货规模分别为 14.18 亿元、18.23 亿元和 35.24 亿元，年均增速高达 54%，存货周转率每年下降近 50%。且持续增长的存货并未带来资金的回流，2017~2019 年，AB 公司均实现盈利，但同期经营活动净现金流分别仅为 0.30 亿元、-1.38 亿元和 -16.73 亿元，经营获现能力较弱，该公司的付现比长期高达 125%~145%，显著高于行业正常水平。

从行业财务指标来看，经营状况良好的企业存货规模稳定增长，存货周转率维持稳定，并未出现大幅上升。而该公司呈现明显的存货攀升、存货周转率下降的态势，且持续增长的存货并未带来资金的回流，经营获现持续较弱。结合黄金珠宝行业流通周转的特点，这种情况显然不符合行业运营特征。AB 公司付现比长期显著高于行业正常水平，结合上文的方法论分析，公司有可能是虚增经营性支出或者是公司给上游企业垫资、导致资金占用，存在虚增收入和资金异常流出的嫌疑。

结合该公司的关联交易问题较大，其大量采购存货的目的及存货规模的真实性存疑。从最终的结果导向来看，AB 公司 2017、2018 年财务报告或内控审计报告被出具非标准无保留意见的审计报告，主要涉及孙公司存在约 9.3 亿元的销售收入无相应的运费凭据资料，即该部分销售收入存在虚增嫌疑。且从 2020 年审计报告来看，公司相当部分存货销售去向不明，存货几乎全额计提减值。

这进一步印证了中债资信此前的判断，公司存货大概率为"无中生有"，通过存货科目虚增现金流和收入，对关联方进行资金利益输送。因此，对于此类违约企业，可从存货、存货周转率、付现比、收入及现金流等相关指标入手，通过其勾稽关系和行业特点等提前预判企业存货的真伪，杜绝该类企业的踩雷风险。

【案例 1-2】存货造假，行业差异大

T 公司主营预涂膜和光学膜的生产及销售，其中光学膜具有一定的差异度，为公司收入和利润的主要来源。2016~2019 年，T 公司营业收入由 52.08 亿元增长至 117.89 亿元，年均增长率达 49.42%，同期存货余额一直稳定小幅增长，仅由 4.95 亿元增至 5.83 亿元，年均增长率仅 8.53%。该公司的存货占总资产的比例逐年降低，2017 年与 2018 年分别只有 1.70% 和 1.77%。存货周转方面，2017 年和 2018 年 T 公司的存货周转率分别为 12.17 和 12.58。2016 年公司 2 亿平方米光学膜产能投产，2017 年产能充分释放，营业收入提升明显，而 2018 年和 2019 年光学膜产销量进入稳定期，其营业收入仍持续攀升，T 公司称主要原因为光学膜销售单价的提升。经测算 2017 年和 2018 年光学膜的销售单价较 2016 年价格水平提升 0.27 倍和 0.45 倍。公开渠道无法确认公司光学膜产品价格上涨是否合理，但从公司披露光学膜每年增加的库存量来看，2015~2018 年共增加光学膜库存 4 735.43 万平方米，根据同期光学膜营业成本粗略测算该库存金额约 9 亿元，而 2018 年公司库存商品仅约 2 亿元，库存规模与公司整体生产销售不匹配。同期公司原材料库存规模仅小幅增长，按照其产品生产周期简单估算，库存原材料或难以满足其日常生产。

从经营状况正常的同行业企业来看，存货占总资产的比重维持在 10% 左右，并未出现持续下降，存货周转率维持在 4 左右的水平。而该公司的存货规模并未随着收入规模的增长而一起增长，存货占总资产的比重显著低于同类公司水平，存货周转率也与行业可比公司差异巨大。这种情况显然不符合行业以销定产的运营特征。且考虑到公司虚有营业收入，库存商品规模持续偏低而经营获现能力持续较弱，其生产经营数据存在造假嫌疑。纵观企业发展历程，结合上文方法论的操作指引，从企业前期存货占总资产比重、存货周转率等指标的异常以及库存产销数据的不匹配，可提前预知企业生产经营数据存在造假嫌疑，虚增收入，从而提前预判企业违约风险。

典型表现 2：通过存货跌价准备和减值计提调节利润

识别方法：

（1）存货跌价准备计提与行业平均水平是否匹配；

（2）对存货跌价准备反复计提和转回的企业予以关注。

不同行业的存货价值不同，存货易贬值、存货占总资产比例高、存货周转率较低的公司通常需要提高存货跌价准备计提比例来降低运营风险。中债资信根据申万行业分类，对部分行业的上市公司存货跌价准备计提规模占存货余额的比例进行统计，具体数值如表 1-4 所示。通过与行业平均水平比较可以初步判断出公司存货跌价准备计提的合理性。但是，同一行业企业可能共同存在舞弊动机，如农业企业具有强波动性、收益率较低及经营周期较长等特性，且其销售终端普遍分散、拥有的生物资产难以盘查、多采用现金交易，使得农业企业利用存货进行舞弊的动机较强。因此实际应用中还需具体情况具体分析。

表 1-4　截至 2019 年末存货跌价准备计提情况

行业	存货跌价准备/存货余额
化工	1.23%
钢铁	0.80%
有色金属	0.90%
建筑材料	1.09%
机械设备	1.89%
汽车	3.76%
家用电器	2.43%
轻工制造	0.97%
化学制药	1.72%
电气设备	2.21%
农林牧渔	0.81%

此外，企业的存货跌价准备计提随意性较大，没有统一的标准且日后

可以转回。部分企业通过存货跌价准备"财务洗大澡",一次性解决前期累积虚增的存货,做实资产,或日后转回计提的存货跌价准备,以对利润进行调节,对此类企业重点关注。

【案例1-3】存货变动异常,调节公司利润

Y上市公司主营海产品的养殖和销售。2018年,该公司称受到水温日变幅加大影响,贝类饵料生物生长受限,造成虾夷扇贝的基础摄食率不足,生长趋慢和营养积累不足,因此核销存货7.35亿元,计提存货跌价准备2.83亿元;2018年归母净利润亏损11.89亿元。2019年2月,Y公司出于"降水量大幅下降,导致海域内营养盐补充不足""养殖规模过大,局部超出养殖容量"的原因,计提存货跌价准备6.29亿元,相关金额将全部计入2018年度损益;2018年归母净利润亏损7.23亿元。

同行业企业2017年和2018年存货跌价准备计提规模占存货余额的比例中位数分别为1.33%和2.26%,公司分别为3.53%和7.09%,显著高于行业水平。Y公司近年来存货变动异常,存在通过存货跌价准备进行利润调节的嫌疑。由于在2015年和2016年连续亏损,为避免触发强制退市,2017年Y公司通过虚减营业成本、虚减营业外支出的手段虚增1.31亿元净利润。在注定亏损的2018年,为了消化掉2017年隐藏的成本和亏损,公司通过虚增营业成本、虚增营业外支出和虚增资产减值损失的手段虚减2.79亿元净利润。从证监会调查结果来看,Y公司2017~2018年年报、《关于底播虾夷扇贝2018年终盘点情况的公告》和《关于核销资产及计提存货跌价准备的公告》均涉嫌虚假记载,证明其通过存货进行财务造假。纵观企业发展历程,对于存货变动异常、通过存货跌价准备进行利润调节的情况需谨慎,提早识别"不翼而飞"的存货。

1.2 货币资金

1.2.1 科目特点

2019年以来，多家违约企业在违约前的报表上均有较充裕的货币资金，如康得新、康美药业等，但其陆续发生违约事件引起了市场对货币资金异常的关注。如康得新，截至2018年9月末，账面货币资金规模达150.14亿元，扣除使用受限的货币资金剩余规模仍约115亿元，但2019年1月，其10亿元债券无法按期足额兑付，证明其货币资金明显存在异常。**为加强对企业财务风险的识别，本书总结了货币资金的多种异常情形，并通过对企业自身所需资金的分析和外部占款情况的分析对货币资金的异常情况进行判断。**

货币资金是指存在于货币形态的资金，根据《公开发行债券的公司信息披露编报准则第15号——财务报告的一般规定（2014年修订）》，货币资金列报具体包括库存现金、银行存款和其他货币资金。其他货币资金包括信用证保证金存款、票据保证金存款、证券资金账户余额等。货币资金是资产负债表中流动性最强的资产科目。但企业财务报表中列示的货币资金并非全部可以随时支取，企业银行账户中的各类保证金（如银行承兑汇票保证金、信用证保证金、履约保证金等）、央行法定存款准备金、被司法冻结的资金、公开市场募集的特定用途的资金等的使用是受限制的。

对于货币资金的审计，审计机构需实施获取或编制货币资金余额明细表、库存现金盘点表，编制银行存单检查表，获取并检查银行存款、其他货币资金银行对账单及余额调节表，实施货币资金函证程序，针对评估的舞弊风险等因素增加的其他审计程序等，以获取有关货币资金期初、期末余额及因抵押、质押或冻结等使用受限的货币资金规模等情况。其中，向银行进行函证被认为是获取审计证据最关键的步骤。实务中，审计机构会对一般制造业企业的所有的银行账户的余额、担保、票据、授信等一系列信息进行函证，银行一般均会回函，但主要针对账户余额，对其他信息回函情况相对差一些。相对于其他科目，资产负债表日的货币资金余额可信度较高，但资金受限情况等可信度低于货币资金余额。但由于外部审计存在固有限制（如企业的货币分散于多家银行，审计或难以函证所有银行账户；企业与银行的抽屉协议；存款为体外关联方贷款做抵质押，增加了审计的难度），且不同审计师尽职的程度不同，经过审计的货币资金也并非完全可信。

1.2.2 货币资金常见舞弊

货币资金可以作为债务偿付的直接来源，账面货币资金过低的企业或面临较大的周转压力，但账面货币资金充裕的企业其货币资金也可能不能动用，甚至有部分企业货币资金存在财务粉饰的嫌疑。

投资者一般对货币资金过低情况保持足够的警觉与关注，但容易疏忽货币资金过高的异常情况。对于货币资金水平偏高的企业，要对资金来源进行分析。从货币资金的来源看，主要包括依靠经营获取、举债或关联方拆借、股权融资等。若企业业务竞争力强，市场地位高，经营战略稳健，经营净现金流/EBITDA比例较高，货币资金主要通过经营积累所得，则企业的造血能力较强。若资金主要来自股东或关联方注资、增资等股权融资，则说明企业可获得一定的股东支持，但也需进一步结合股东的实际情况以及企业相关报表科目来判断注资的质量和真实性。若通过债务融资获得，即账面留存大规模货币资金，同时有息债务（"存贷双高"）或其他应付款规模巨大，则关注债务融资目的，是否短期内有大规模的项目投资或即将偿还的到期债务。

若短期内没有较明确的融资目的，货币资金规模与有息债务规模均长期保持较高水平或长期保持相当比例的增长，则应关注以下情况：

（1）受限规模较大。企业设置质押的定期存单、开立信用证或银行承兑汇票等票据的保证金、涉诉冻结账户资金等均为使用受限的货币资金。这种情况存在较普遍，分析企业财务报表时需关注报表附注的货币资金明细，并在评估债务偿付能力时剔除受限货币资金的影响。对于受限货币资金中银行承兑汇票保证金规模较大的，其规模可与企业应付票据规模结合分析，由此印证货币资金受限规模的合理性以及货币资金的真实性。一般银行承兑汇票保证金/应付银行承兑汇票的比例会随着外部融资环境而变化，融资环境越差，融资越困难，比例越高。如在外部融资环境趋严的情况下，若企业的应付银行承兑汇票规模增加，但货币资金中银行承兑汇票保证金规模没变化或减少，即银行承兑汇票保证金/应付银行承兑汇票的比例下降，则应关注受限货币资金是否披露完整。

（2）货币资金有明确专有用途。有专门用途的货币资金使用亦受到限制，如上市公司通过非公开发行方式募集的资金、政府拨付的专款专用资金等，在考虑对短期债务的偿还能力时不应考虑这部分资金。实际上，该种情况在广义上讲亦属于货币资金受限。

（3）集团类企业货币资金主要分布在下属子公司。特别需要关注的是集团公司的货币资金集中在下属上市子公司的，由于上市公司资金独立性较强，集团公司无法随意动用上市公司货币资金偿还债务。因此对于合并口径下账面资金较高的集团公司，仍需分析扣除上市子公司后的货币资金对债务周转的支持程度。如永泰集团截至 2017 年末合并口径货币资金规模 84 亿元，同期其上市子公司货币资金规模为 72.71 亿元，即剔除上市公司后集团层面仅拥有货币资金 11.29 亿元，对于支持剔除上市公司后集团层面所拥有的 186 亿有息债务的周转困难非常大。

对于集团下有财务公司的，集团可通过财务公司归集部分上市公司货币资金，但具体归集程度可参考上市公司公告的与财务公司签订的《金融服务协议》，不同企业间差异较大。中国证监会曾于 2011 年出台过上市公司与控股股东财务公司关联交易的内部规定，虽该规定未以正式文件下发，但仍对上市公司资金归集产生了重大影响，即"上市公司存放在集团财务公司的存款余额不得超过上市公司最近一个会计年度经审计的总资产金额的5%，且不超过最近一个会计年度经审计的期末货币资金总额的50%，上市公司存放在集团财务公司的存款余额占其银行存款的最高比例不得超过上一年度上市公司从集团财务公司取得的贷款占上市公司贷款总额的比例（按日均额计算，上市公司无银行贷款的除外）"。证监会对上市公司与财务公司的关联交易监管严格。

此外，对于集团类企业而言，如果货币资金主要集中在集团控制力弱的子公司中，合并口径考虑货币资金对债务偿付能力时，这部分资金的流动性需打折扣或直接扣除。

（4）单纯通过报表粉饰做大货币资金规模。企业为粉饰财务报表，会通过资产负债表日前向关联方或其他第三方拆借大额货币资金，再在资产负债表日后归还，这样在资产负债表日就会有较大规模货币资金。更恶劣者一般不止对货币资金科目进行粉饰，甚至存在虚假交易来虚增收入，进而粉饰财务报表，往往其存货、应收账款等科目及营业收入、经营活动现金流均与实际情况不符。这类企业实际并未拥有报表反映的货币资金，但为达到获取信贷资金、商业信用或增加市值等其他目的，通过粉饰财务报表欺骗财务报表使用者。以这种方式粉饰财务报表的，可通过金融机构的短期借款，或其他渠道进行拆借资金，并通过"短期借款"或"其他应付款"的科目进行核算，会形成"存贷双高"。对这类企业的货币资金分析，必须结合其经营情况的变化及同行业对比来分析。

实际上，如果审计机构实施规范、科学、审慎的审计程序，是能够识破企业粉饰货币资金的行为的。如对资产负债表日前后大额银行流水（是否与业务相关）的核对，或加强对企业增值税发票真实性的验证等。

（5）货币资金被实际控制人或控股股东占用。该种情况多发生于公司治理及内部控制存在缺陷的民营企业。一般实际控制人或控股股东占用公司资金的方式包括但不限于：①在非财务报表日拆借公司资金、并于财务报表日前归还；②实际控制人利用掌控公司印章等权利，违反公司正常审议程序，假借公司名义借款后将货币资金转做他用；③通过抽屉协议，把账面货币资金抵押给银行，给实际控制人或控股股东增加贷款；④公司货币资金存放于控股股东旗下的财务公司，控股股东对其违规占用。这类企业一般"存贷双高"表现明显，被占用部分的资金受限情况基本不披露，公司实际可动用的货币资金少于账面规模。

一般这种情况下，其实际控制人大多拥有较大规模除本公司外的其他经营主体，且体外公司货币资金紧张，实际控制人借上市公司或发债主体的融资之便为体外资产融资。

仍以康得新为例，其在行业内具有一定市场地位，自身具有一定造血能力。其2018年半年报账面上用途不受限的货币资金规模为134.91亿元；同期有息负债规模为151.34亿元，公司存在"存贷双高"问题明显，且持续多年。公司的控股股东除公司外基本无盈利主体，母公司层面盈利能力弱，无造血能力。但项目投资规模巨大，债务负担持续较重，且所持上市公司股权被质押的比例很高，同时出现信托计划违约，集团母公司层面资金链非常紧张，占用上市公司货币资金的动机较强。

1.2.3 货币资金舞弊的典型表现与识别

对于货币资金受限规模较大、有明确专有用途和集团合并口径货币资金规模较大的情况均较容易判断，此处对企业货币资金是否被粉饰和是否被控股股东或实际控制人占用的情况提供一个判断思路。对于工商企业货币资金真实合理性的判断，可根据其自身经营需要、其他用途合理性和控股股东或实际控制人占用等角度进行分析。

对于经营稳定的一般制造业企业，其账面货币资金主要用来支持企业日常生产的周转，如采购原材料、支付员工薪酬、支付税费等，而日常周转所需资金主要取决于企业的生产能力。企业的生产能力对应到财务报表上多体现为固定资产。因此理论上货币资金规模应与固定资产规模相匹配。中债资信根据申万行业分类，对化工、钢铁等九个传统制造行业的上市公司的货币资金/固定资产进行统计，统计结果如表1-5所示。

表1-5 一般制造业企业货币资金/固定资产的统计结果

行业	中位数
化工	0.50
钢铁	0.34
建筑材料	0.37
机械设备	0.75
汽车	0.68
家用电器	1.05
轻工制造	0.57
化学制药	0.60
电气设备	0.74
综合	0.62

一般制造业企业平均货币资金/固定资产比例约0.6~0.7倍。仍以康得新为例，根据其2018年9月末财报数据计算，其货币资金/固定资产比例为4.18倍，远高于行业平均水平，即使扣除受限部分，仍可达约3.3倍，与平均水平相比显著异常。中债一站通支持自定义财务分析规则，可以根据自己的风险偏好配置自定义规则，系统自动对符合风险特征的主体进行提示。例如，想要对"货币资金/固定资产>0.7"的主体进行自定义提示，只需在中债一站通财务分析模块配置相关规则，便可在主体页面看到相应的风险提示。

若某一般制造业企业的货币资金/固定资产偏离该值较大，首先看其业务结构中非制造业类业务的占比，以及该类业务运营的资金需求，其次则可进一步根据结合其经营情况分析其资产运营能力，或直接对营运资金量进行计算。对于一般制造业企业：

营运资金量＝上年度营运收入×（1－上年度销售利润率）×（1＋预计本年营业收入增长率）/营运资金周转次数

其中：

营运资金周转次数＝360/（存货周转天数＋应收账款周转天数－应付账款周转天数＋预付账款周转天数－预收账款周转天数）

周转天数＝360/周转次数

应收账款周转次数＝销售收入/平均应收账款

预收账款周转次数＝销售收入/平均预收账款

存货周转次数＝销售成本/平均存货

预付账款周转次数＝销售成本/平均预付账款

应付账款周转次数＝销售成本/平均应付账款

根据上述公式，以康得新2017年末的数据及对2018年计划营业收入增速（增速约20%）进行计算，2018年公司所需的营运资金量约56.3亿元，而公司账面货币资金显著高于所需的营运资金量，且公司无其他需要大量消耗货币资金的业务。

若企业的货币资金显著高于所需要的营运资金量，则需分析多余货币资金的用途。若并非为短期投资或偿债准备，则考虑其是否为赚取利息收入等。其中，我们可以通过企业披露的利息收入/银行存款来判断企业的货币资金是否产生合理收益。对康得新自身而言，短期内无重大投资项目，无大额到期借款需偿还（即使有大额到期借款在短期内需偿还，也应该是时点性的，而非持续性），其2016、2017年利息收入/平均货币资金分别为0.70%和0.99%，均低于七天通知存款利率，货币资金无合理收益。综合来看，其账面持续保持大规模货币资金、持续保持"存贷双高"是非常不合理的。

若通过对企业营运资金计算和其他货币资金用途的分析均无法解释企

业大额账面货币资金，则企业账面货币资金大概率存在问题，此时应特别关注控股股东或实际控制人的占用。关注重点一般为：公司治理或信息披露是否历史上存在瑕疵（一般以民企居多）、实际控制人或控股股东除该上市公司或发债企业外是否还有其他体外资产、体外资产债务负担如何、是否面临偿债压力、是否投资激进、公司是否有大额货币资金存放于控股股东旗下的财务公司等。一般对于体外资产规模较大且资金紧张的民营企业，其实际控制人有动机且有机会占用上市公司或发债主体的货币资金，借其融资之便为体外资产融资。如上文例子中，其控股股东投资激进、资金链持续紧张，在回复交易所的问询函中承认存在控股股东占用公司货币资金的情况。

综上，当企业货币资金过高时，需关注货币资金来源。对于货币资金通过债务融资获取且短期内无明确用途的，则过高的货币资金规模通常存在：

（1）大额受限；

（2）有明确特定用途；

（3）集团类企业货币资金分布在各下属子公司；

（4）粉饰报表；

（5）货币资金被控股股东或实际控制人占用的情况。

其中前三类情况相对容易判断，对于后两类情况，需要判断企业货币资金真实合理性：

（1）由于货币资金主要用于日常经营周转，一般制造业企业的周转所需货币资金规模取决于生产能力，而生产能力一般对应了企业的固定资产规模，因此可通过与行业货币资金/固定资产规模（适用于一般制造业企业）的横向比较来进行初步判断；

（2）对于显著异常于行业平均水平的，需分析其经营所需的营运资金量；

（3）若企业的账面货币资金显著高于所需的营运资金量，则考虑高出的部分是否能产生合理收益；

（4）若仍不合理，则可结合企业控股股东或实际控制人其他资产面临的资金压力情况来判断企业的货币资金是否流向体外。

1.3 固定资产

1.3.1 科目特点

固定资产，根据《企业会计准则第 4 号——固定资产》，是指同时具有下列特征的有形资产：

（1）为生产商品、提供劳务、出租或经营管理而持有的；

（2）使用寿命超过一个会计年度。通常，固定资产包括房屋建筑物、机器设备、运输设备以及其他固定资产。根据《公开发行债券的公司信息披露编报准则第 15 号——财务报告的一般规定（2014 年修订）》，公司应分类列示固定资产的账面原值、累计折旧、减值准备累计金额以及账面价值的期初余额、期末余额和本期增减变动情况。此外，公司还应披露本期在建工程完工转入固定资产的情况，期末暂时闲置固定资产的账面原值、累计折旧、减值准备累计金额以及账面价值，期末未办妥产权证书的固定资产账面价值及原因。

固定资产折旧是由于固定资产在使用期间的磨损和损耗而转移到产品或服务中的那一部分价值的体现，反映了固定资产对于当期经营的贡献。确定固定资产原值、折旧年限、残值、折旧方法以后，就可以计算出每年计提的折旧金额。常见的固定资产折旧方法包括年限平均法、工作量法、双倍余额递减法、年数总和法。折旧计入的利润表科目因行业和企业的会计政策不同而不同，折旧政策是常用科目，企业可以通过调整折旧计提年限、方式等来调节利润，因此需对企业折旧政策频繁变更情况给予关注。同时，折旧可以消化掉虚增的资产，即每年折旧把历史上虚增的固定资产等逐年折旧，进而掩饰虚增资产，如表1-6所示。

表1-6 固定资产折旧项目

行业		利润表科目	影响的科目
一般制造业、电力		营业成本（制造费用）	毛利润
酒店、景区类		销售费用、管理费用	营业利润
公路	经营性公路	计提折旧摊销，计入营业成本	毛利润
	还贷性公路	不计提折旧摊销	—

备注：公路计提折旧摊销政策因企业有所差异，本表列示为最通用的方式。

固定资产入账要点包括：

（1）固定资产项目本身建设的必要性和合理性；

（2）资产价值的合理性和真实性；

（3）资产减值损失的计提合理性，是否存在"财务洗大澡"嫌疑；

（4）固定资产与在建工程科目相互转化调整的合理性；

（5）折旧政策以及变化情况，是否存在调节利润的情况。

固定资产审计：

审计机构需要编制固定资产明细表、核对固定资产总账数与明细账是否一致、核查固定资产权属证书，根据需要抽取一定资产，实地盘存法实地盘查固定资产实物数量，核实各项固定资产是否真实存在、账实是否相符。受限于审计机构的人员精力和要求，往往存在以下盲区：

（1）外购固定资产，审计机构需核实物资采购合同、采购发票以及房产的税费发票、权属证明、合同等，结合银行流水等入账凭证和原始凭证进行判断；受限于审计机构往往难以向销售方函证，因此对于采购发票等是否具有真实的交易背景无法进行有效判断。

（2）自行建造的房屋建筑物等固定资产，如果企业对于相关劳务支出采用较多现金支付，企业可以采用编制虚假的人员工资支付表等虚增支出，现金交易的真实性一般较难审计，往往成为审计的遗漏之处。

（3）对于采购设备等涉及较多关联方的情况，一般审计师会对关联方进行函证，并对关联交易公允性等进行审计；受限于信息可得性，审计师对于部分机械设备等无法获得公开市场报价，对资产价值评估能力有限；此外，若企业隐藏披露完整真实的关联方名单，则加大审计的难度。

1.3.2 固定资产舞弊的三种模式

1. 固定资产造假对财务报表的影响总述

固定资产造假往往为系统性财务舞弊。公司虚假的固定资产投资活动，通过三种模式达到以下目的：

（1）通过虚假的固定资产投资获得额外的股权或债权（项目借款等）融资。或者将资金以投资活动现金流的形式流出，后将资金以购买商品等经营活动流回，从而达到虚增利润、改善现金流等粉饰报表的目的。

（2）通过虚假固定资产投资向关联方输送资金。

（3）与关联方配合以虚增公司所有者权益。关联方对企业增资，企业将资金用于虚假固定资产投资，资金流出体外，最终流回关联方，达到虚增公司固定资产和所有者权益的目的。企业也可以反向操作，先以固定资产投资名义将资金流出，部分资金被关联方挪用，其余资金以股权增资等方式流回公司。

上述固定资产造假三种模式之间区别在于虚增的投向固定资产的资金是否真实流出、是否回流企业并虚增利润、是否向关联方净输送资金、是否通过回流虚增资本，具体的影响如图1-4所示。

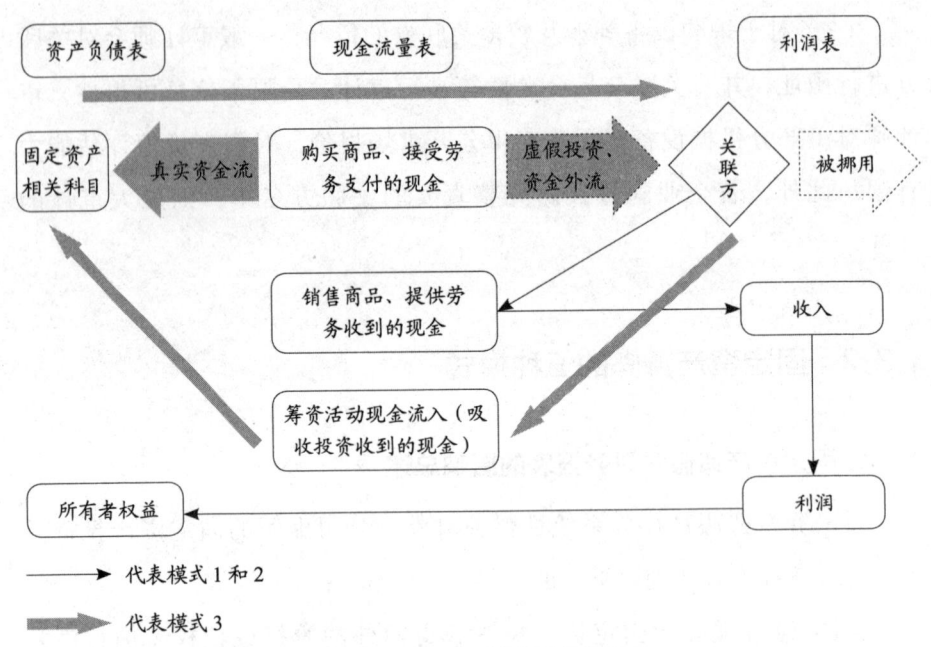

一本书识破财务诡计：常见财务作假手段的防范与识别

图 1-4　固定资产对会计造假的影响

2. 固定资产造假模式详解

下面我们通过条件假设对虚假固定资产投资对财务报表的影响进行分析。

为方便描述，假设未进行虚假固定资产投资活动之前的相关科目原账面价值如表 1-7 所示，例如，货币资金 Cash 以 C 代替等。假设固定资产投资规模为 10 亿元，其中真实用于项目投资规模为 X（X<10），公司虚增收入全部形成货币资金（暂不考虑形成应收账款等情况）。

表 1-7　固定资产造假涉及报表科目简称

科目	代码	简称
货币资金	Cash	C
固定资产等	Fixed Assets, etc.	F
所有者权益	Equity	E
营业收入	Revenue	R
折旧 / 摊销	Depreciation/Amortization	D

续表

科目	代码	简称
营业利润	Profit	P
折旧年限	N years	N
经营性流入	Operating imflows	OIF
投资性流出	Investing outflows	IOF
筹资性流入	Financing inflows	FIF

模式1和2：公司为了获得资金或者单纯的粉饰报表，会虚增固定资产的投资规模（虚构设备采购及厂房建设、虚增劳务支出等）甚至设立莫须有的项目。一般来说，固定资产投资自有资金比例最低约为30%，其余来源于外部融资。两类模式区别在于：模式1为虚增固定资产的资金流出后，通过虚假采购企业自身的产品流回体系内。这种模式先将资金通过虚增资产造价、虚开采购发票等方式流出，之后再通过中间公司、公司实际控制的关联方等购买企业商品方式将资金计入企业销售商品的经营性现金流入，达到虚增固定资产、货币资金等资产和所有者权益的目的，同时提升利润、改善现金流，可谓一举多得。模式2为资金单纯通过虚假的固定资产流出而不回流企业。这种模式主要通过虚增资产造价、虚开采购发票等方式入账。资金流出体外被关联方挪用，具体的过程如图1-5所示。

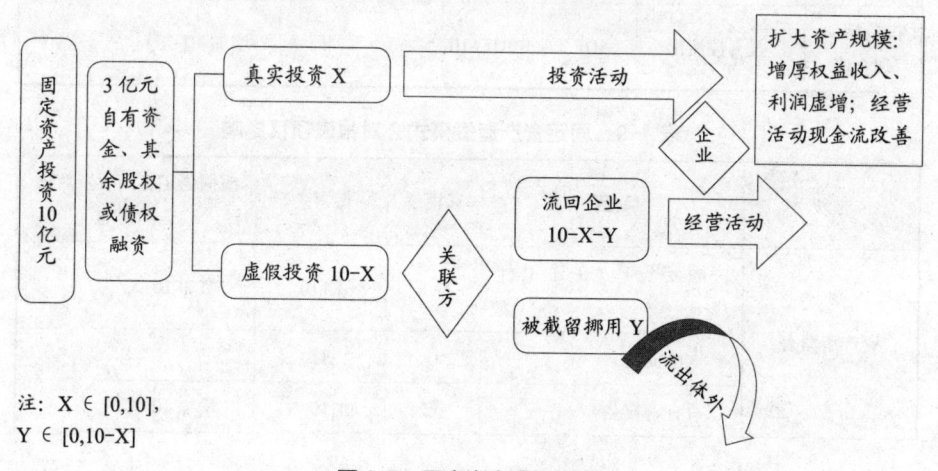

注：$X \in [0,10]$，$Y \in [0,10-X]$

图1-5　固定资产造假模式

报表影响：如表1-8所示（图表中字母代码说明详如表1-9所示），模式1和2一方面虚增固定资产等科目，扩大资产规模，另一方面，如虚增固定资产的资金流出后部分回流企业用于虚增经营活动，则经营活动现金流有所改善、同时利润和所有者权益亦得到一定虚增；反之，资金全部外流体系外，仅仅投资活动现金流虚增，而对公司所有者权益和利润并无影响。

表1-8　固定资产造假模式1对报表项目影响

报表	科目	真报表	假报表	虚假固定资产投资对报表的影响
资产负债表	固定资产/在建工程/……	F+X	F+10	增加10-X
	货币资金	C	C+(10-X)/(1+增值税率)	增加(10-X)/(1+增值税率)
	所有者权益	E	E+(10-X)+(10-X)/(1+增值税率)	增加(10-X)+(10-X)/(1+增值税率)
利润表	营业收入	R	R+(10-X)/(1+增值税率)	增加(10-X)/(1+增值税率)
	折旧	D+X/N	D+10/N	增加(10-X)/N
	营业利润	P-X/N	P+(10-X)/(1+增值税率)-10/N	增加[(10-X)/(1+增值税率)-(10-X)/N]
经营活动现金流	经营性流入	OIF	OIF+(10-X)	增加10-X
投资活动现金流	投资性流出	IOF	IOF+10	增加10-X

表1-9　固定资产造假模式2对报表项目影响

报表	科目	真报表	假报表	虚假固定资产投资对报表的影响
资产负债表	固定资产/在建工程/……	F+X	F+10	增加10-X
	货币资金	C	C	—
	所有者权益	E	E+(10-X)	增加10-X

续表

报表	科目	真报表	假报表	虚假固定资产投资对报表的影响
利润表	营业收入	R	R	—
	折旧	D+X/N	D+10/N	增加 (10-X)/N
	营业利润	P-X/N	P-10/N	减少 (10-X)/N
经营活动现金流	经营性流入	OIF	OIF	—
投资活动现金流	投资性流出	IOF+X	IOF+10	增加 10-X

模式3：为了配合股东的业绩需求和资金需求，公司股东以增资等名义对公司进行增资，之后部分资金再以固定资产建设为名义虚假流出，回流至原股东。通常，股东以现金方式增资，资金先计入货币资金，之后部分资金真实用于购建固定资产的资本性支出，其余部分以虚构交易、虚开发票等形式流向资金中介并最终回流给股东。这种方式不仅虚增公司的资产和权益，同时能够满足股东的资金需求并优化股东的经营业绩表现。部分企业也存在反向操作，通过各类手段将资金输送给股东，股东以增资的方式流回企业。

报表影响：如图1-6所示，关联方以股权投资等形式增资，资金先流入货币资金，再以投资活动虚增固定资产；因此虚增筹资性现金流、投资性现金流。模式3对会计报表项目的影响如表1-10所示。

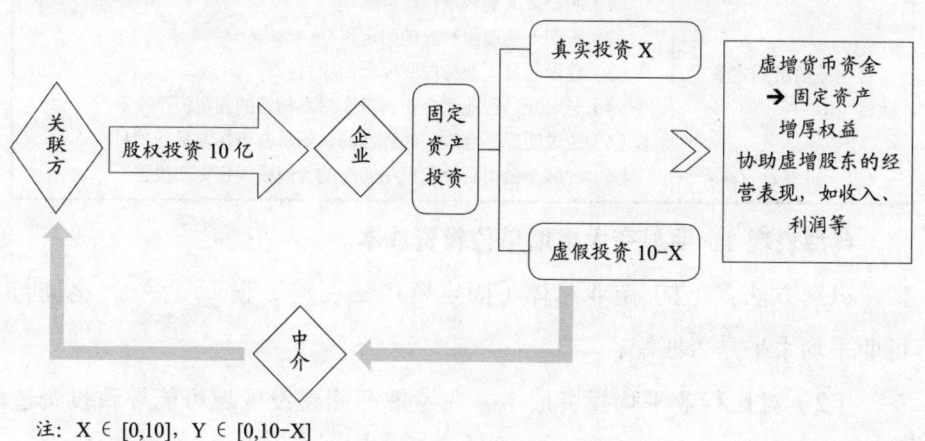

注：$X \in [0,10]$，$Y \in [0,10-X]$

图1-6 固定资产造假模式3示例

表 1-10　固定资产造假模式 3 对报表项目影响

报表	科目	真报表	假报表	虚假固定资产投资对报表的影响
资产负债表	固定资产/在建工程/……	F+X	F+10	增加 10-X
	货币资金	C	C+10-10	—
	所有者权益	E+X	E+10	增加 10-X
利润表	营业收入	R	R	—
	营业利润	P	P	—
投资活动现金流	投资性流出	IOF+X	IOF+10	增加 10-X
筹资活动现金流	筹资性流入	FIF+X	FIF+10	增加 10-X

1.3.3　固定资产舞弊的典型表现与识别

固定资产造假是指公司以固定资产建设为幌子募集资金，募集资金规模远高于实际投向项目的资金（或实际完全没有建设该项目）。固定资产造假为系统性造假，涉及多个报表和科目，具体造假方法如表 1-11 所示，相关人员可参考识别防范。

表 1-11　固定资产科目造假（调整）方法

粉饰方法	具体表现/操作方式
虚构或虚增固定资产项目	（1）明显夸大虚增单位投资成本 （2）长期未见产能释放的固定资产 （3）建设与公司业务关联度低的项目 （4）与宏观、行业和企业自身实力不相符的固定资产投资 （5）建设明显不合理、非理性的、不具有市场前景的项目 （6）开展与公司资金状况不匹配的大规模固定资产投资

典型表现 1：明显夸大虚增单位投资成本。

识别方法：（1）企业总体（固定资产＋在建工程）/总资产比例与行业平均水平是否匹配；

（2）对比行业平均投资成本，在考虑产能建设区域可能导致投资造价偏高等特殊因素后，若固定资产造价仍偏高 20% 以上的需予以关注。

第1章 资产类科目常见财务舞弊手段

固定资产属于生产性的长期资产。除贸易流通、房地产、现代服务业等行业外，固定资产通常是企业维持正常经营活动最重要的科目之一，是企业"产能"最重要的体现。不同行业由于资产结构和属性不同，（固定资产+在建工程）/总资产比例存在一定差异。中债资信根据申万行业分类，对化工、钢铁等11个行业的上市公司（固定资产+在建工程）/总资产比例进行统计，（固定资产+在建工程）/总资产比例分布在0.2~0.5倍。通过企业资产负债表结构可以初步判断出公司固定资产类科目的合理性。但是，同一行业企业的固定资产占比因业务结构、区域和发展阶段等因素不同会出现较大偏差，实际应用中还需具体情况具体分析，选择经营情况接近的同行业企业对比更为准确。

不同行业固定资产投资成本具有一定的标准。根据行业投资规模和建设标准（包括但不限于环保设备情况等），对固定资产、在建工程的价值进行估算，同时结合新增产能规模、投资活动现金流流出中购建固定资产、无形资产和其他长期资产金额等，对投资的合理性进行判断。通过如表1-12列示的部分行业固定资产投资造价，可以初步判断企业固定资产投资价格的合理性。

表1-12　部分行业固定资产投资成本情况

行业	单位投资成本	单位
电解铝（不含自备电厂）	4 000~6 000	元/吨
氧化铝	6 000~8 000	元/吨
煤炭	600~1 000	元/吨
奶牛养殖（包括奶牛和固定资产）	18 000~25 000	元/头
生猪养殖	800~1 200	元/头
高速公路	7 000~15 000	万元/公里
火电	4 000~5 000	元/千瓦
水泥（熟料）	400~500	元/吨

此处需注意几类特殊因素对于投资成本的影响：

（1）行业技术变革较快的行业，投资成本年度之间变化较大。例如光伏发电企业，建设电站的主要原材料价格（多晶硅、单晶硅等）都会发生20%左右的下降幅度，判断投资造价还需要结合项目建设时点来判断；

（2）项目审批和建设周期长短对投资成本的影响。不同企业由于区域项目审批政策、企业自身技术和资金配套能力等因素，使得项目建设周期不同进而导致投资成本存在一定合理性差异；

（3）产能区域所处位置对投资造价的影响。例如，在东北地区建设养殖产能，其保温设备投入较其他区域略高；新疆等西北地区由于产能远离机器设备主产地，运距远会导致运输成本偏高进而影响投资造价；经济发达地区因土地征收和拆迁费用高会导致公路相关建设成本较高，而西南地区道路建设涉及大量桥梁、隧道建设，单位建设成本远高于其他地区。

因此，投资造价高低的合理性不能够仅仅根据行业平均水平一概而论、还需结合企业所有制性质、所处区域等因素具体情况具体分析。

【案例1-4】投资差异明显，存在虚增可能

F奶牛养殖企业的固定资产主要包括牧场（包括土建、牛舍、病牛隔离区、牛粪处理厂、饲料仓库、挤奶设备和饲喂设备等）。一般来说，建设1万头规模的畜牧场约需投资2亿元（行业较先进水平，不含购买犊牛）。在规模养殖中，建设所需资金基本与牧场中奶牛头数呈线性关系，即建设5 000头规模的畜牧场投资约需1亿元左右。例如，F牧场平均资本支出约8 900万元（每座牧场存栏量不足3 000头），远高于行业中较先进牧场建造所需投资（约6 000万元），固定资产虚增30%以上。

典型表现2：固定资产规模持续攀升、迟迟未见产能释放。

识别方法：固定资产对应的是企业的产能，如果长期以来固定资产投入并未带来与之相匹配的产品产量、收入等指标增长，同时排除技术壁

垒、资金短缺等障碍因素，则该部分固定资产很有可能是虚假投资。一种简单的方法是通过"固定资产周转率"指标来排查问题，固定资产周转率=收入/平均固定资产净值，表示每1元固定资产支持的销售收入，反映了单位固定资产创造的收入。这个指标可以反映企业固定资产产出与其账面价值是否匹配，如果出现长期的趋势性的下降，则很有可能固定资产真实性存在问题。

【案例1-5】相关指标变化趋势不匹配

X港口公司因资产和收入虚增等问题被财政部处罚。2019年至2021年期间，该企业固定资产周转率分别为0.36、0.26、0.18，低于行业水平（0.46），公司固定资产增速显著高于收入增速。经监管机构审查，X企业虚增固定资产约5亿元；由于公司固定资产主要为水下资产，资产价值与结构设计、水深等因素有关系，审计难度较大，因此使得该部分资产被虚增。

典型表现3：所建项目与宏观经济和金融环境、行业发展趋势和产业政策、企业自身资金、技术、必要性等不匹配，项目合理性存疑。

识别方法：（1）国内外宏观经济景气度会影响消费需求，金融环境和政策会影响金融市场资金状况和风险偏好。重点关注企业固定资产项目与国家宏观调控方向、金融市场环境和资金面等偏差较大的项目。

（2）与行业发展状况、产业政策相悖的固定资产投资。主要判断是否存在以下情况：产品生命周期处于衰退期、市场前景惨淡、回报不确定性很大，技术变革导致产品未来面临很大替代品威胁，竞争格局异常激烈、产品盈利能力很弱而公司通过产能扩张无法显著提升市场地位和改善盈利能力。上述几类情况属于激进投资的特征，实际上存在两种可能：一种是企业本身战略激进、盲目扩张；同时可能是通过固定资产投资掩饰资金挪用或粉饰利润表。对于上述两种情况区分还需要结合产能释放情况来判断是否具有真实的固定资产。

（3）与企业技术、资金和融资环境不匹配的、非主业的投资。判断企业是否存在以下情况：企业自身经营获现能力弱，项目建设高度依赖外部融资而加重杠杆率水平，公司仍然进行与主业关联度低、跨行业的投资。例如，大规模建设仓库物流配套设施，该类固定资产创造产值很少，可以通过租赁等方式替代，但企业却大肆举债投资建设，加剧公司资金链紧张，这一类投资往往合理性存疑。

总结：这一类固定资产造假较为隐蔽，往往无法通过具体财务或经营指标进行定量判断，更多需要分析人员结合对于宏观、行业的大趋势判断来进行定性的推测，同时通过企业战略、管理规划等方面来综合判断。

固定资产造假往往具有多个特征，上文中典型表现1~3具有一定联系。

【案例1-6】盈利过高，资金通过固定资产回转

Q公司为上市公司，控股股东和实际控制人为自然人王某和张某。该公司主要业务为铝材加工，可分为工业铝型材、建筑铝型材及多种铝型材深加工产品、轨道车辆制造等。根据2021年公司产品结构，轨道交通车辆制造业务未投产，工业铝型材、建筑铝型材及铝型材深加工产品产量比例约为1.9∶1.4∶1。2021年，该公司工业铝型材、建筑铝型材及铝型材深加工产品吨加工费分别为9 000元、7 000元、12 000元，其中建筑型材加工费较行业平均水平（约3 000元）明显偏高。公司铝锭原材料的采购价格亦偏低于长江现货价格。

Q公司所处行业的特征：铝材行业以赚取稳定加工费为盈利模式，不同产品加工费差异巨大，从2 000元/吨至10 000万元/吨以上不等。通常来看，建筑型材产品最为低端、利润空间最低，工业型材次之，精深加工材（如轨道交通车辆等）利润空间较高、技术壁垒高。

企业疑问点：公司收入虚增、成本偏低，盈利情况明显高于行业水平，但是Q公司经营活动现金流和利润表匹配度较好。怎样才能做到虚增利润同时该部分利润实现了较好的现金回流？一种较为易行的方式是通过固定资产

投资虚增将资金流出体系外，再通过关联企业、贸易公司采购公司商品来虚增利润和经营性现金流。怎样判断出公司固定资产投资存在异常呢？

（1）投资造价高：Q公司于2019年启动的轨道交通车辆1 000辆项目，累计投资近100亿元；对比同行业投资情况，2021年北京市基础设施投资有限公司轨道交通机车制造项目一期总投资约45亿元，年产城市轨道交通列车1 300辆，并形成相关配套产品的生产能力。Q公司的固定资产投资造价高出同行业一倍以上。

（2）产能释放慢：Q公司承接的轨道交通车辆项目规划的建设周期3年，应于2020年末或2021年中投产，但迟迟未实现产能释放；2020~2021年上半年，轨交车辆项目陆续转固；结合财务指标来看，2014年至2021年，公司固定资产周转率逐年下降，尤其2017年公司开始大规模投资轨道交通车辆项目后，固定资产周转率从2017年末1.47倍下降到2021年9月的0.04倍，说明固定资产投资并未真实产生有效产能，资产营运能力和产能释放情况存疑。

（3）Q公司的资产负债表结构不符合行业特征：根据2021年6月末财报，其（固定资产+在建工程）/总资产比例为0.85倍，为有色金属行业上市公司的最高水平，亦显著高于同为铝材加工的南山铝业、新疆众和等公司。

综上所述，判断固定资产科目入账是否存在舞弊，一方面需要从报表科目变化中寻找蛛丝马迹，另一方面需要结合实际出发，即企业建设项目的必要性、未来可能带来的收益等方面去判断企业行为。

1.4 商誉

1.4.1 科目特点

商誉按取得途径可分为自创商誉与合并商誉。其中自创商誉是企业在经营发展过程中不断积累的、可为企业带来超额收益的资源，涉及因素较宽泛，如知名品牌、独有配方、销售渠道优势、杰出的管理团队等，但由于其成本及价值均难以进行可靠计量，自创商誉并未作为资产单独入账，本书不做讨论。

资产负债表中所列示的商誉为合并商誉，为企业并购活动中并购方为标的资产支付的溢价。根据《企业会计准则第20号——企业合并》，非同一控制下企业合并中，购买方对合并成本大于合并中取得的被购买方可辨认净资产公允价值份额的差额，确认为商誉。若非同一控制下企业合并中，购买方支付的合并成本小于被购买方可辨认净资产公允价值份额的，则形成购买方的营业外收入（即负商誉）。

关于合并成本的确定，绝大部分是在以标的资产的评估价值为基础，再考虑对标的资产的控制权、其股权流动性、协同效应、支付方式、标的资产财务风险、标的稀缺性、双方并购目的等因素，并购双方在财务顾问等专家的协助和撮合下，围绕标的资产评估价值进行博弈，最终形成合并成本。该合并成本可以低于估值，也可以高于估值。

关于交易基础即评估价格的确定，根据《资产评估执业准则——企业价值》，标的资产价值评估方法为收益法、市场法和资产基础法（成本法），执行企业资产评估时应当根据评估目的、评估对象、价值类型、资料收集等情况，分析三种基本方法的适用性，选择适用的评估方法（如表1-13所示）。在企业的并购重组活动中，原则上应选择至少两种方法对同一标的资产进行评估，并选择其中一种方法作为评估结论。

第1章 资产类科目常见财务舞弊手段

表1-13 三种估值方法的比较

行业	收益法	市场法	资产基础法
定义	将预期收益资本化或折现，确定评估对象价值的评估方法	将评估对象与可比上市公司或可比交易案例进行比较，确定评估对象价值的评估方法	以被评估单位评估基准日的资产负债表为基础，合理评估企业表内及可识别的表外各项资产、负债价值，确定评估对象价值
具体方法	股利折现法、现金流量折现法	获取并分析可比上市公司的经营和财务数据或可比企业的收购案例资料，计算价值比率（通常包括盈利比率、资产比率、收入比率和其他特定比率）	评估企业表内及可识别的表外各项资产、负债价值，确定被评估对象价值
优势	在所需参考数较为准确的前提下，更能反映企业价值，且因考虑了企业未来的获现能力，能与交易完成后的业绩对赌有效结合	市场法的参数、指标可直接从市场获得，计算简单、评估结果易于被资产买卖双方取得共识	使用范围广，除适合单一资产和具有特定的专项资产评估外，也适合不易计算资产未来收益、无法重置特殊资产及难以取得市场参照物的资产
劣势	由于预期收益预测难度大、易受主观判断影响，一般未来发展稳定性或可预测性差的企业不适合采用收益法	可比企业的选择较为困难，且在进行影响因素比较、差异调整时，往往受评估人员主观因素影响较大，在一定程度上影响评估结果准确性	计算复杂、工作量大，且未考虑资产的未来盈利能力
公式	$P=\sum_{i=1}^{n}\frac{R_i}{(1+r)^i}+\frac{R_{n+1}}{r(1+r)^n}$ P：营业性资产价值 R_i：未来第i年的股权自由现金流量 R_{n+1}：未来第n+1年的股权自由现金流量 R：折现率	评估对象值＝标的企业相关指标 × 参考企业相应的价值比率 × 修正系数	—
应用举例	对标的资产未来各年股权自由现金流进行折现	如标的企业业绩标值为目标企业的净利润E，比率系数为同类或类似企业的市盈率（P/E）	在评估日对表内及表外资产、负债价值进行重置

39

在并购实务中，国内上市公司并购重组中股权类资产评估方法以收益法和资产基础法为主，其中采用收益法的占比最高，根据历史统计数据，选择收益法的占比约60%，采用资产基础法的比例约25%，选择市场法的占比仅约7%。三种方法相比，收益法的估值溢价倍数最高，根据历史统计数据，收益法的溢价倍数平均达2倍以上，其他方法均不足1倍。为保护投资者权益，防止控股股东通过收购时虚增标的资产价值，《上市公司重大重组管理办法》规定，若采取收益法等基于未来收益预期的估值方法对拟购买资产进行评估并作为定价参考依据的，当交易对手为上市公司控股股东、实际控制人或其控制的关联人时，交易对方应当与上市公司签订明确可行的业绩补偿协议。

根据《企业会计准则第8号——资产减值》，企业合并所形成的商誉，至少应当在每年年度终了进行减值测试。商誉减值损失一经确认，在以后期间不得转回。

对商誉进行减值测试，实质上是对包含商誉的相关资产组或者资产组组合进行减值测试。当资产组或者资产组组合的可收回金额低于其账面价值的，应当确认相应的减值损失。减值损失金额应当先抵减分摊至资产组或者资产组组合中商誉的账面价值，再根据资产组或者资产组组合中除商誉之外的其他各项资产的账面价值所占比重，按比例抵减其他各项资产的账面价值。抵减后的各资产的账面价值为三者之中最高者：该资产的公允价值减去处置费用后的净额（如可确定的）、该资产预计未来现金流量的现值（如可确定的）和零。对于商誉及其他资产的减值损失，应计入当期损益。具体商誉减值迹象如表1-14所示。

表1-14 一般商誉减值迹象

序号	商誉减值迹象
1	现金流或经营利润持续恶化或明显低于形成商誉时的预期，特别是被收购方未实现承诺的业绩

续表

序号	商誉减值迹象
2	所处行业产能过剩，相关产业政策、产品与服务的市场状况或市场竞争程度发生明显不利变化
3	相关业务技术壁垒较低或技术快速进步，产品与服务易被模仿或已升级换代，盈利现状难以维持
4	核心团队发生明显不利变化，且短期内难以恢复
5	与特定行政许可、特许经营资格、特定合同项目等资质存在密切关联的商誉，相关资质的市场惯例已发生变化，如放开经营资质的行政许可、特许经营或特定合同到期无法接续等
6	客观环境的变化导致市场投资报酬率在当期已经明显提高，且没有证据表明短期内会下降
7	经营所处国家或地区的风险突出，如面临外汇管制、恶性通货膨胀、宏观经济恶化等

1.4.2 商誉常见舞弊

实务中，资产负债表中的商誉也是一个易被粉饰的科目，主要体现为商誉价值不合理造成的公司资产的虚高。

因为资产评估过程中评估方法、基础数据的选择以及假设前提的制定等均具有较强主观性和可操纵性，会造成标的资产评估价值与其真实价值存在较大偏差。而企业重组时合并成本是基于标的资产的评估价值确定的，所以商誉在初始确认时就存在虚高的风险，是商誉价值虚高的主要原因。

标的资产的评估价格及并购交易价款的深层原因，第一，2015年前后市场并购重组活动激进，上市公司大股东有动力通过并购重组推高股价减持套现，企业未对收购标的预期盈利能力、与企业自身业务的协同情况做充分客观的论证便盲目进行收购，并购标的议价能力较强，推高了合并成本。第二，存在关联方的利益输送。即并购企业与标的资产原控股股东表面上无关联方关系，但实质存在相关利益。但该种情况公开市场信息难以佐证。

此外,在商誉的后续计量中,大部分公司为避免业绩下滑存在商誉未足额计提减值的情况,亦加剧了商誉价值虚高风险。实务中,对于商誉的减值测试存在诸多问题。如根据上海证监局发布的《辖区审计机构2018年度实际执业过程中存在的主要问题》中提到,关于商誉的审计:

(1)存在以并购重组方有业绩补偿承诺、尚在业绩承诺期间为由,不进行商誉减值测试;

(2)在收购资产的收益明显不达预期且收到业绩补偿款的情况下,仍不进行商誉减值测试;

(3)未充分辨识与商誉相关的资产组或资产组组合,简单将确认商誉时收购的标的公司股权作为商誉减值测试对象;

(4)直接将资产评估报告作为商誉减值的判断依据,试图规避审计责任;

(5)资产评估报告的目的系股权价值评估,而非与商誉减值测试相关的财务报告目的评估;

(6)未发现商誉减值相关信息披露遗漏重要信息或缺乏实质性内容;

(7)未考虑将金额重大且涉及重大判断的商誉减值事项确定为关键审计事项等情况。

商誉价值虚高给企业带来的主要财务风险表现为:

(1)高于标的资产真实价值的交易对价流出企业,对于以货币资金作为交易对价的企业来说,或丧失了流动性最强的部分资产,或推高了自身债务,整体看,自身流动性被削弱,债务负担加剧。商誉虚高背后的高溢价收购或成为企业未来资金链断裂的原因之一。

(2)由于商誉价值的虚高导致资产总规模的虚高,因此其账面表现低估了企业的实际债务负担。对于商誉虚高的企业,应扣除虚高的部分重新计算资产负债率等指标。

(3)企业未来面临较大的资产减值风险。大规模商誉减值损失的确认

（4）资产减值对企业融资环境产生不利影响。尽管商誉大规模减值造成的盈利亏损并不会带来经营现金流的实际流出，即不会影响债务的即期偿还能力，但由于业绩下滑带来的投资者的认可度的下滑可能导致其股价下跌、融资抵质押率增加，加之财务表现的弱化，会进一步导致外部融资环境趋紧。

2018年11月，为强化商誉减值的会计监管，进一步规范上市公司商誉减值的会计处理及信息披露、督促会计师事务所、资产评估机构及其从业人员勤勉尽职、规范执业，证监会发布《会计监管风险提示第8号——商誉减值》，就商誉减值的会计监管风险进行了提示（如表1-15所示）。

表1-15 部分历史上商誉减值规模较大的发债企业

企业	所属行业	历史商誉减值情况
鹏博士电信传媒集团股份有限公司	电信服务Ⅱ	截至2019年9月末，商誉规模20.89亿元，2019年年报预计商誉减值20.16亿元
大连天神娱乐股份有限公司	软件与服务	截至2018年9月末，商誉规模65.35亿元，2018年年报商誉减值40.6亿元
华闻传媒投资股份有限公司	媒体Ⅱ	截至2018年9月末，商誉规模37.01亿元，2018年年报商誉减值19.54亿元
贵州益佰制药股份有限公司	制药、生物科技与生命科学	截至2018年9月末，商誉规模22.99亿元，2018年年报商誉减值10.28亿元
人福医药集团股份有限公司	制药、生物科技与生命科学	截至2018年9月末，商誉规模66.55亿元，2018年年报商誉减值28.94亿元
北京掌趣科技股份有限公司	软件与服务	截至2018年9月末，商誉规模53.92亿元，2018年年报商誉减值33.80亿元
贵州信邦制药股份有限公司	制药、生物科技与生命科学	截至2018年9月末，商誉规模23.19亿元，2018年年报商誉减值15.37亿元
北京捷成世纪科技股份有限公司	软件与服务	截至2018年9月末，商誉规模55.47亿元，2018年年报商誉减值8.45亿元，预计2019年年报商誉减值16.56亿元

会计处理及信息披露方面，证监会要求对于合并形成的商誉，无论是否存在减值迹象，都应至少每年度终了时进行减值测试，不得以业绩补偿承诺为由，不进行商誉减值测试；公司商誉减值测试应将商誉账面价值合理分摊至资产组或资产组组合，按规定步骤进行减值测试并恰当计提商誉减值损失，恰当利用资产评估机构的工作成果，并进行充分披露。

商誉减值事项的审计方面，证监会要求会计师事务所要对商誉减值这一特殊会计估计事项保持合理的职业怀疑，关注并复核公司关于商誉减值迹象判断的合理性、商誉所在资产组或资产组组合分摊、减值测试方法与模型选取、基础数据、关键假设等的恰当性等，关于商誉的减值获取充分的审计证据并得出恰当的审计结论。

在证监会加强对商誉减值的会计监管后，尽管部分上市公司及发债企业在2018年年报中对商誉计提大额减值准备，直接导致当期盈利的大规模亏损；但仍需关注商誉规模较大的企业，在2019年年报中的商誉减值情况。

对于部分上市公司在某年集中计提商誉减值，从资产负债表来看，企业资产和权益同时大幅下降，导致资产负债率将大幅攀升。从利润表来看，存在部分企业一次性将商誉全部或绝大部分计提减值，避免分年逐步计提对利润的影响。

1.4.3　商誉价值的判断

关于商誉价值虚高的判断，第一，要关注商誉占净资产比例高的企业，关注其商誉的构成。一般对于商誉/净资产比例大于一定比例（如10%）的企业都需要重点关注商誉资产的价值合理性。

第二，将商誉占比水平与同行业内企业进行横向对比，若明显高于行业水平，则需重点分析商誉形成的原因及其价值合理性。根据中债资信对信用债市场非金融企业发债主体的商誉/净资产的统计，发债行业中软件与服务、医疗保健设备与服务、媒体、制药、生物科技与生命科学、耐用消费品与服装、技术硬件与设备行业的商誉/净资产的行业均值均超过10%，处于较高水平，其他行业商誉/净资产小于10%（如表1-16所示）。

表1-16 发债企业商誉占比较高企业

行业	商誉净资产	行业	商誉净资产
软件与服务	29.82%	材料Ⅱ	5.09%
医疗保健设备与服务	25.33%	半导体与半导体生产设备	4.60%
媒体Ⅱ	21.55%	商业和专业服务	4.51%
制药、生物科技与生命科学	15.17%	食品、饮料与烟草	4.08%
耐用消费品与服装	12.28%	消费者服务Ⅱ	3.87%
技术硬件与设备	10.43%	资本货物	1.70%
电信服务Ⅱ	9.87%	能源Ⅱ	1.45%
家庭与个人用品	8.85%	公用事业Ⅱ	1.35%
零售业	8.74%	房地产Ⅱ	1.33%
食品与主要用品零售Ⅱ	7.91%	运输	0.93%
汽车与汽车零部件	7.45%		

第三，即使商誉占比符合行业水平，但对于形成较大规模商誉的收购项目，仍要关注其估值的合理性。对于估值合理性的判断可以从以下几个维度展开：

（1）分析企业项目并购时披露的关键资料，特别是标的资产评估报告中相关内容的合理性，包括但不限于评估模型的选取、基础数据、关键假设等的恰当性等；

（2）将项目的投资溢价率在同行业内进行对比，判断其合理性；

（3）结合标的项目未来盈利预测，评估并购资金的未来的回收周期是否合理。特别是对于生命周期短的行业领域，较长的投资回收周期通常意味着较高的风险。如标的公司属于软件与服务、媒体等行业，且标的公司依赖单一项目生存，如某款软件、某款游戏、某部影视剧作品等。由于该类行业的单一项目自身生命周期短、盈利可持续性差，且易受监管影响，持续经营不确定性较大，若计算的投资回收周期较长或采取收益法估值时做乐观的盈利假设，其估计情况通常难与实际相符，因此需要关注这类企业的商誉价值合理性。

第四，要关注标的资产业绩承诺的完成情况以及承诺期过后的业绩变化。若附有业绩承诺，且业绩承诺期间未完成承诺业绩，即使原股东附补充协议，也代表了之前的估值不准确，存在商誉价值虚高。若标的资产在业绩承诺期每年都是刚刚好完成业绩，业绩承诺期刚过就发生业绩变脸情况，这类企业的商誉往往也存在价值虚高，需要重点关注。

【案例1-7】溢价收购，抬高商誉

P企业是曾经市值近200亿元的上市公司，但仍一步步走向违约。如果投资者在前期关注到其商誉资产，进而还原公司的问题，或许可以躲过这个雷区。

P公司成立于2010年，主要从事网页游戏的研发和发行业务。2014年，公司借壳"KM木业"上市，并于2015年4月更为现名。为实现借壳上市时的业绩承诺，公司上市后即迅速开展一系列对外并购。

2015年，P公司现金收购深圳为爱普，进入移动应用分发平台；并于同年定增收购妙趣横生、LS科技和上海MC等公司，拓展移动游戏开发业务及互联网广告业务。2016年，该公司以自有资金收购主营棋牌类游戏的一花科技；同年，公司新增股权投资企业及参股科技公司约7亿元。由于持续收购带来较大资金需求，为弥补资金不足，2017年P公司增加银行借款及发行债券，债务负担有所提升；同年公司继续定增收购幻想悦游、合润传媒、嘉兴乐玩、北京星空智盛等公司，拓展游戏开发与发行业务，并进入影视广告领域。由于上述收购多为溢价收购，2015~2017年收购形成的商誉累计达65.72亿元。随着收购带来的资产及业务规模持续扩大，公司市值不断升高，从借壳上市初期100亿元左右的市值最高上升至近200亿元，期间公司实际控制人不断通过股权质押获取融资。

2018年以来，游戏行业监管收严趋势明显，国内游戏版号暂停发放，终止德州扑克类棋牌游戏运营，新产品无法上线，影视公司遭遇"娱乐圈补税"和"限古令"，P公司并购企业业绩显著下滑。其中，一花科技、幻想悦游、合润传媒2018年均未实现业绩承诺，公司盈利及经营性现金流大幅下降，2018年P公司一次性计提减值损失63.75亿元，其中商誉减值损失达40.60亿元。2019年以来，P公司业务收入及现金流进一步萎缩；加之负面舆情给公司外部融资环境带来的负面影响，公司流动性持续收紧。2020年1月21日，P公司未能偿付"17天神01"回售款和未回售部分利息，构成实质性违约。

1.5 投资性房地产

1.5.1 科目特点

1. 投资性房地产科目简介与会计处理

投资性房地产是企业资产负债表上的非流动资产科目，是指以赚取租金或资本增值为目的，或两者兼有而持有的房地产。投资性房地产应当能够单独计量和出售。投资性房地产范围包括：

（1）已出租的土地使用权，是指企业通过出让或转让方式取得的、以经营租赁方式出租的土地使用权；

（2）持有并准备增值后转让的土地使用权，是指企业通过出让或转让方式取得并准备增值后转让的土地使用权；

（3）已出租的建筑物，是指企业拥有产权并以经营租赁方式出租的房屋等建筑物。从定义和范围可以看出，投资性房地产有别于固定资产、存货和无形资产中的房地产，那些为生产经营而自用的房屋建筑、销售的或为销售而正在开发的商品房和土地、企业以经营方式租入的建筑物不属于投资性房地产。实务中，投资性房地产的具体类别主要有：购物中心、写字楼、农贸市场、厂房、公寓、土地等。

2. 投资性房地产的主要获取方式和初始计量

投资性房地产应当按照成本进行初始计量，即使采用公允价值模式计量，也需在投资性房地产下设"成本"和"公允价值"两个明细科目。"投资性房地产——成本"可反映取得投资性房地产的实际成本。投资性房地产获取主要来自以下几种渠道，不同渠道获取的投资性房地产初始计量账目处理也有一定不同，其初始计量如表1-17所示。

表1-17 外购及自建投资性房地产初始计量

	采用成本模式计量	采用公允价值计量
会计处理	外购 借：投资性房地产 　　应交税费——应交增值税（进项税额） 　贷：银行存款 自建 借：投资性房地产——在建 　贷：银行存款	外购 借：投资性房地产——成本 　　应交税费——应交增值税（进项税额） 　贷：银行存款 自建 借：投资性房地产——在建 　贷：银行存款

资料来源：中债资信整理。

（1）外购：对于企业外购的房地产，只有在购入房地产的同时开始对外出租（自租赁期开始日起，下同）或用于资本增值，才能称之为外购的投资性房地产。如果企业董事会或类似机构作出了正式书面决议，明确表明将其用于经营出租且持有意图短期内不再发生变化的，即使尚未签订租赁协议也可视为投资性房地产。投资性房地产应当按照其取得时的成本进行初始计量，对于外购的投资性房地产，初始计量成本包括其购买价款、相关税费和可直接归属于该资产的其他支出。

（2）自建：自行建造的投资性房地产，其成本由建造该项资产达到预定可使用状态前发生的必要支出构成，包括土地开发费、建筑成本、安装成本、应予以资本化的借款费用、支付的其他费用和分摊的间接费用等。

无论是成本模式或公允价值计量模式，外购和自建的投资性房地产在初始计量时均需按照初始获得成本进行计量，因此该阶段财务粉饰的空间主要集中于对其初始成本的计量，如在建造时虚增其建设成本（如计入别的项目发生的费用等）或采购过程中与交易对手方（通常为关联方）约定不实价格以达到虚增投资性房地产账面价值的目的，从而做大资产规模。

（3）由非投资性房地产转入的投资性房地产：因房地产用途发生改变而对房地产进行的重新分类。企业必须有确凿证据表明房地产用途发生改变，才能将非投资性房地产转换为投资性房地产（如表1-18所示）。这里的确凿证据包括两个方面：一是企业董事会应当就改变房地产用途形成正式的书面决议，二是房地产因用途改变而发生实际状态上的改变。具体可分为以下两类：

①自用房地产转换为投资性房地产：企业将原本用于日常生产、提供劳务或者经营管理的房地产改为出租，通常由固定资产、无形资产等科目转入。

②作为存货的房地产转换为投资性房地产：通常发生于房地产开发企业将其原计划销售的房地产以经营租赁方式租出，由存货转为投资性房地产。

表 1-18 非投资性房地产转为投资性房地产的会计处理与报表影响

非投资性房地产转换为投资性房地产		
	采用成本模式计量	采用公允价值计量
会计处理	自用的房地产转为投资性房地产： 借：投资性房地产 　　累计折旧（累计摊销） 　　固定资产减值准备（无形资产差值准备） 　贷：固定资产（无形资产） 　　投资性房地产累计折旧（累计摊销） 　　投资性房地产减值准备 存货转为投资性房地产： 借：投资性房地产 　　存货跌价准备 　贷：存货——开发产品	自用房地产转换为投资性房地产 借：投资性房地产——成本 　　累计折旧（累计摊销） 　　固定资产减值准备（无形资产减值准备） 　　公允价值变动损益（借差） 　贷：固定资产（无形资产） 　　其他综合收益（贷差） 存货转为投资性房地产： 借：投资性房地产——成本 　　存货跌价准备 　　公允价值变动损益（借差） 　贷：存货——开发产品 　　其他综合收益（贷差）
税务处理	成本模式下，非投资性房地产和投资性房地产转换由于账面价值和计税基础一般不存在差异，因此基本无须进行纳税调整	税务处理上，仍按资产转换前的计提折旧或摊销的方法确认计税基础。转换日公允价值小于账面价值的，按其差额计入当期损益，需进行纳税调增。公允价值大于账面价值的，差额计入资本公积，不影响当期利润，未确认损益因此不需进行纳税调整
影响	自用的房地产转为投资性房地产仅为列报科目之间的转换，对报表无影响，存货转入投资性房地产后按期折旧，折旧费用增加将对利润产生一定负面影响	如转换日公允价值大于账面价值，则差额计入其他综合收益，不影响当期利润，所有者权益规模增加；如转换日公允价值小于账面价值，则计入公允价值变动损益，直接减少当期利润

【案例 1-8】房产的折旧

A 企业 2020 年初自建一办公楼，成本为 8 000 万元，根据税法按照 20 年进行折旧。

2021 年初公司将该办公楼出租并采用公允价值模式计量，出租时公允价值为 9 000 万元。

2021 年末该办公楼公允价值升至 9 500 万元。公司当年会计利润为 5 000

万元，会计处理如下：

2021 年初：

借：投资性房地产——成本　　　　　　　　　　　9 000

　　累计折旧　　　　　　　　　　　　　　　　　 400

　　贷：固定资产　　　　　　　　　　　　　　　8 000

　　　　其他综合收益　　　　　　　　　　　　　1 400

2021 年末：

1. 纳税调减 2018 年公允价值变动损益 500 万元，调减折旧额 400 万元，应纳税所得额 5 000-500-400=4 100（万元），应纳税额 =4 100×25%=1 025（万元）。

2. 办公楼账面价值 9 500 万元，计税基础为 8 000-400-400=7 200（万元），账面价值大于计税基础，产生应纳税暂时性差异 2 300（1 400+900）万元，确认递延所得税负债 2 300×25%=575（万元）

当年应确认的所得税费用 =5 000×25%=1 250（万元）

借：所得税费用　　　　　　　　　　　　　　　　1 250

　　其他综合收益　　　　　　　　　　　　　　　　350

　　贷：应交税费——应纳所得税额　　　　　　　1 025

　　　　递延所得税负债　　　　　　　　　　　　　575

可能转为投资性房地产的资产主要为存货、固定资产和无形资产。如表 1-18 所示可知在成本模式下，投资性房地产同样需要按照会计准则中固定资产和无形资产相关规定计提折旧或摊销，因此固定资产或无形资产转换为投资性房地产时对于企业报表的影响较小。而在公允价值计量模式下，投资性房地产不需要再按期计提减值或摊销。将固定资产或无形资产转为投资性房地产可减少企业的折旧或摊销成本，转换时其增值部分虽然不能增加当期利润，但仍可提升企业资产和权益规模。通过存货转为投资性房地产进行财务粉饰的行为多发生于拥有较多住宅和商业项目的房地产企业，且选择公允价值模式进行后续计量的占大多数。因为去化困难的房地产项目如记在存货中需要计提减值准备、侵蚀公司利润，同时亦将拖累公司存货周转率、项目去化率等经营指标表现。而通过将此类存货转入投资性房地产，不但可以美化公司销售情况，未来还可能存在评估增值空间。

3. 投资性房地产后续计量

投资性房地产的后续计量可以选择成本模式或公允价值模式。

（1）成本模式计量：是指以企业购买房产时的总支出或自建房地产的总成本来计量，与固定资产记账模式几乎没有区别。在成本模式下，应当按照企业会计准则中固定资产或无形资产的有关规定，对投资性房地产进行后续计量，按期（月）计提折旧或摊销；存在减值迹象的，还应当按照《资产减值》准则的有关规定进行处理，减值一经计提，不得转回。

（2）公允价值模式计量：企业存在确凿证据表明其公允价值能够持续可靠取得的，可以采用公允价值计量模式。选用公允价值计价时，以期末公允价值为基础调整其账面价值，两者差额计入当期损益，不计提折旧或进行摊销。

需同时满足：投资性房地产所在地有活跃的房地产交易市场；企业能够从房地产交易市场上取得同类或类似房地产的市场价格及其他相关信息，从而对投资性房地产的公允价值作出科学合理的估计。

投资性房地产后续计量的会计处理与报表影响如表 1-19 所示。

表 1-19 投资性房地产后续计量的会计处理与报表影响

	成本模式	公允价值模式
会计处理	按期（月）计提折旧或进行摊销 借：其他业务成本 　　贷：投资性房地产累计折旧 　　　　投资性房地产累计摊销 经减值测试后确定发生减值，应当计提减值准备 借：资产减值损失 　　贷：投资性房地产减值准备	不计提折旧或摊销，当以资产负债表日的公允价值计量投资性房地产升值 借：投资性房地产——公允价值变动 　　贷：公允价值变动损益 投资性房地产减值 借：公允价值变动损益 　　贷：投资性房地产——公允价值变动

续表

	成本模式	公允价值模式
税务处理	按照直线法计算的折旧和摊销,准予在计算应纳税所得额时扣除,会带来一定纳税收益	由于持有期间公允价值的变动不计入应纳税所得额,两种计量模式下应交所得税金额相同,但公允价值模式下,账面价值与计税基础存在差异,所得税费用有所不同,但考虑处置所得税费用后全周期的所得税费用相同
影响	直接增加当期营业成本,进而减少当期账面利润,但对利润影响较为稳定	直接影响当期利润表的公允价值变动损益科目,根据本期末公允价值与上期末公允价值的差额计提,对利润总额的影响具有两面性

为了保证会计信息的可比性,计量模式一经确定,不能随意变更。在能够满足公允价值模式条件的情况下才能允许成本模式转为公允价值模式计量,当作会计政策变更处理,将计量模式变更时公允价值与账面价值的差额,调整期初留存收益。而已采用公允价值模式计量的投资性房地产不得再转为成本模式。同一企业只能采用一种模式对所有投资性房地产进行后续计量,不得同时采用两种计量模式。

投资性房地产计量方式转换的会计处理与报表影响,如表1-20所示。

表1-20 投资性房地产计量方式转换的会计处理与报表影响

	公允价值模式
会计处理	借:投资性房地产——成本(变更日公允价值) 　　投资性房地产累计折旧(摊销) 　　投资性房地产减值准备 贷:投资性房地产(原价) 　　利润分配——未分配利润(或借记) 　　盈余公积(或借记)
税务处理	由于转换差额调整期初留存收益,同时计税基础与账面价值的差异确认的递延所得税资产或负债亦计入期初留存收益,转换时对公司税务不产生影响
影响	变更日公允价值和成本模式下账面价值差额计入未分配利润,影响所有者权益,对当期利润表无影响

【案例 1-9】成本模式转为公允价值计量

B 企业某一栋用于出租的写字楼，一直采用成本模式进行后续计量。2020 年末，由于其所在地的房地产交易市场比较成熟，具备了采用公允价值模式计量的条件，决定对该项投资性房地产从成本模式转换为公允价值模式计量。2020 年末，该写字楼的原造价为 1 800 万元，已计提折旧 1 000 万元，账面价值为 800 万元，该写字楼经评估的公允价值为 2 000 万元，会计处理如下：

借：投资性房地产（成本） 2 000
　　投资性房地产累计折旧 1 000
　贷：投资性房地产 1 800
　　　　（指 2018 年 12 月 31 日成本计量账面原值）
　　　利润分配——未分配利润 1 080
　　　　（公允价值与账面净值差额 1 200×90%）
　　　盈余公积 120
（公允价值与账面净值差额 1 200×10%，按净利润的 10% 计提盈余公积）

2021 年末，该写字楼价格增值至 2 400 万元，会计处理如下：

借：投资性房地产——公允价值变动 400
　贷：公允价值变动损益 400

由于成本模式计量具有操作简单、披露成本较低的特点，且计提的折旧和摊销可在税前抵扣，其仍是大部分企业的首选计量模式。而对于监管层来说，成本计量模式对企业利润的影响比较稳定，可靠性较高，因此该计量模式也为监管层所推荐。然而随着我国房地产市场的发展，在经历了几轮周期波动后我国房屋价格已处于相对高位，房价的上涨使得成本计量的投资性房地产难以反映公司所持物业的真实价值，经过多年的计提折旧和摊销投资性房地产账面价值可能远低于其实际价值，导致投资人无法对于企业资产情况进行准确判断。

公允价值计量模式比成本计量模式更能动态反映投资性房地产的市场

价值，同时能起到优化企业报表的作用。然而在公允价值计量模式得到推进的同时，该计量模式亦增加了企业盈余管理的空间，为一些经营不善的企业提供了操纵利润和资产等粉饰报表的手段，进而降低了会计信息的可靠性。因此，在分析以公允价值计量的投资性房地产时，重点为判断其估值的合理性。

4. 投资性房地产的处置

企业可以通过对外出售、转让或非货币性交换的方式处置投资性房地产。处置投资性房地产时的账务处理如表1-21所示。

表1-21 投资性房地产处置方式的会计处理与报表影响

	成本模式	公允价值模式
会计处理	（1）取得处置收入 借：银行存款 　　贷：其他业务收入 （2）结转账面价值 借：其他业务成本 　　投资性房地产累计折旧摊销 　　投资性房地产减值准备 　　贷：投资性房地产	（1）取得处置收入 借：银行存款 　　贷：其他业务收入 （2）结转账面价值以及公允价值变动损益 借：其他业务成本 　　公允价值变动损益（或贷记） 　　其他综合收益 　　贷：投资性房地产——成本 　　　　　　——公允价值变动（或借记）
税务处理	应缴纳所得税额等于会计利润，会计利润为处置收入减投资性房地产账面价值	应缴纳所得税额等于会计利润；同时，由于处置后，其账面价值和计税基础均为零，二者之间不再存有差异，此时应将前期确认的暂时性差异转回
影响	处置收入扣除其账面价值和相关税费后的金额计入当期损益	处置损益为处置收入减去入账成本的差额与转换时计入权益的其他综合收益之和

在"三道红线"融资新规逐步推行的背景下，投资性房地产作为房企持有的较为优质的可变现资产，或将成为众多房企处置回笼资金的标的，投资性房地产处置后，净负债率、现金类资产/短期债务两指标将因货币资金增加而得以优化；在处置产生正收益的情况下，企业可增厚当期利润，同时降低财务杠杆，但若发生处置损失，则会拖累企业当期利润，同时推高财务杠杆，因此判断投资性房地产真实账面价值尤为重要。

1.5.2 投资性房地产真实价值识别手段

通过上文可看出，以公允价值计量投资性房地产给予企业更多调节利润、美化报表的空间，因此判断企业公允价值是否合理也是识别财报粉饰的重要手段。我国会计准则规定了采用公允价值计量模式的条件，但是对于公允价值的确定方法并未做出统一要求，因此在实际应用当中，公司公允价值确定方式也不尽相同，主要有专业评估、参考同类或类似的房地产价格和对第三方调查报告分析三种方式。目前大部分公司通过聘请独立评估机构对投资性房地产价值进行评估。

1. 投资性房地产估值方法

房地产估价的常用方法主要包括市场比较法、收益法和成本法。

市场法以实际交易过程中近期类似房地产成交价格作为依据，其评估值可反映房地产的真实市场价值，在具有成熟房地产市场的国家运用最为广泛，易被理解和接受且最接近会计准则中要求的公允价值。市场法又分为直接比较法和间接比较法。直接比较法以评估对象的某一或若干基本特征与参照物的同一及若干基本特征直接进行比较，得到两者的基本特征修正系数或差额，在参照物交易价格的基础上进行修正从而得到评估对象的价值，如购物商场的修正因素可考虑评估对象和参照物的区位状况、品牌定位、装修情况、开发商品牌溢价等；间接比较法是利用资产的国家标准、行业标准或市场标准作为基础，分别将评估对象与参照物整体或分项与其对比打分从而得到评估对象价值。

【案例 1-10】运用市场法要有可比参照

位于中心商业区的一处办公楼采用市场法对其价值进行评估。待评估办公楼位置处于繁华商业区，周边设施完善，交通便利。通过市场调查搜集近期发生过交易房地产及其价格，选取 ABC 三个与评估对象类似的可比实例。通过比较对其成交价格进行修正，采用调整后交易价格算数平均值得出待评估对象的比准单价。

收益法根据评估对象的不同假设条件对其未来现金流/收益进行折现，其原理为理性投资者愿意支付的购置或投资成本不会高于资产在未来能给其带来的回报。对于企业自持的拥有稳定的租金收益的商业物业，较适合使用收益法进行估值。由于收益、资本化率、年限三个关键参数均包含了评估人员的主观判断及一定假设，如参数指标设置偏差过大易造成评估结果的失真，评估结果的可调节性较大。

成本法需要测算被评估资产的重置成本及各种贬值因素，其基本原理是投资者愿意支付的价格不会超过构建该项资产的现行构建成本，其中重置成本的主要方法包括重置核算法、价格指数法、功能价值类比法。与市场法下的价格指数及功能价值类比法不同的是，成本法使用的是被评估资产的历史成本和参照物的重置成本，而不是成交价格。成本法估值比较适合易贬值的机器设备的价值评估，而对于商业地产公允价值的评估适用性较差。投资性房地产主要的估值方法如表1-22所示。

表1-22 投资性房地产主要估值方法

估值方法	定义	适用情况	局限性
市场比较法	把估价对象和在估价时点近期交易的相似类型的房地产进行比较，通过对已交易完毕的房地产的成交价格做一定幅度的修正和调整，从而得出被估价对象的合理价格	拥有成熟、活跃的房地产市场，有可比资产，适合单项资产的评估	市场比较法主要依赖其他物业已有的成交价格信息，若参照对象本身价格信息失真，则该方法的测算结果准确性将受到较大影响，容易存在高估
收益法	通过对被评估对象在未来一段时间内取得的收益进行估算，选用适当的资本化率，将估价对象房地产未来的现金流或净收益折现到估价时点从而得出估价对象的合理价格	适用于有收益或者是有潜在收益且收益和风险都能够量化的房地产，如商业、旅馆、写字楼等	收益法的评估参数设置难度较大且对预测结果影响很大

续表

估值方法	定义	适用情况	局限性
成本法	通过求取估价对象在估价时点的重置价格或重建价格，扣除折旧，从而得出估价对象的合理价格	难以运用市场比较法的房地产估价，或无收益又很少出现买卖的资产，如公共设施、厂房、工业地产	由于缺乏活跃市场，成本法测算中重置成本的合理性可判断性较差，且主要费用和折旧可调节空间较大

上述三种方法为房地产估值的基本理论方法，但在实际评估过程中由于不同物业的特殊性以及估值方法的局限性，投资性房地产价值评估仍存在很大调节空间，比如市场法中对于参照对象的选择、收益法中重要参数的预估均存在主观操控的可能。即使是成本法，由于其多适用于缺乏交易市场中不能产生收益的物业或土地，评估价值取决于它的重置成本，实务中其重置成本的合理性依然难以判断，且该类资产由于无法产生收益，其抵质押或变现价值较低，亦存在账面价值高估的可能。因此，在评估一家企业投资性房地产账面价值是否合理的时候，要根据该投资性房地产所处区域、出租率，检查评估参数并考虑其抵押率、账面价值与租金的倍数关系等方法多维度检验其估值的合理性。此外，即使投资性房地产价值估值合理，从偿债角度看，我们亦应考量在企业面临流动性风险的情况下其可变现性，即其能否为企业提供与其账面价值所匹配的可偿债现金流。

2. 投资性房地产合理价值的判断方法

（1）通过与周边房价对比判断估值合理性。对于披露了投资性房地产详细信息的企业，如物业位置、建筑面积、出售单价、出租率和租金水平等，可结合同区域投资性房地产情况，判断投资性房地产估值的合理性。

【案例1-11】周边房价对比法

H企业所持有国际大厦位于南京一商业区，建筑面积4 300平方米，账面价值 1.4 亿元，其周边区位、配套设施、租金水平相近写字楼单位售价在 1.5~2.5 万 / 平方米，平均单价约 2 万 / 平方米。而以公司账面价值测算，其单价高达 3.25 万 / 平方米，估值偏高。

（2）根据公司评估方法，检查主要假设和参数设置是否合理。对于收益法评估投资性房地产公允价值，可检查其主要假设和参数的设置是否处于可达成的范围，如租金增长率是否可以达到设定水平，折现率和空置率的设定是否合理。对于市场法，主要观察选取的交易案例是否有可比性、典型性，是否修正了会对价格造成重大影响的因素。条件允许可以采用不同的评估方法来进行校验以确保评估结果的相对准确和可靠。

（3）根据投资性房地产抵质押率判断估值的合理性。房地产抵押率是指金融机构发放房地产抵押借款额度占所抵押房地产账面价值的比例，抵押率的高低代表了机构对借款人偿还能力、贷款期限、资产价值等多种因素的综合考量。根据中债统计，投资性房地产抵押率一般不超过 70%，普遍为 50%~60%。假如某家企业投资性房地产账面价值很高，但其抵押率远低于行业正常水平，间接说明银行对该资产的价值评估低于其账面价值，投资性房地产的公允价值存在高估可能性较大。

（4）根据投资性房地产价值 / 租金收入水平来估值的合理性。"投资性房地产价值 / 租金收入"衡量商业地产企业仅依靠物业租金收入回收其开发建设成本所需要的时间长度，也就是投资回收期限。根据中债覆盖房地产企业数据，在采用公允价值计量投资性房地产的房企中，投资性房地产 / 租金比值中位数为 19.52 倍，若以公允价值计量的商业地产账面价值 / 年租金收入远高于 20 倍，在其租金水平合理的情况下，则该物业的估值偏高。具体的租金水平如表 1-23 所示。

表 1-23 部分企业投资性房地产价值/租金收入情况

企业	2019年末投资性房地产账面价值（亿元）	2019年租金收入（亿元）	账面价值/租金收入	是否高估
A	309	9	34.3	估值偏高
B	680	40	17.0	合理
C	112	10	11.2	未来仍有升值可能

（5）评估投资性房地产的可变现价值。投资性房地产作为不动产一般以长期持有运营为目的，但若企业出现流动性压力时，投资性房地产则为可抵质押融资甚至变现的可偿债资产，因此我们在判断其账面价值是否合理的基础上，还需要分析其可变现性。总体来说，一线及核心二线城市的投资性房地产可变现性更高，而部分三、四线城市的底商，即使按照当地市场评估的投资性房地产价值较高，但由于其成交频率很低，变现周期很长，其真实的可变现价值将显著低于账面价值。另外，对于如物流园、厂房等类型的工业物业，其市场需求少、处置难度大，变现价值通常较写字楼、酒店等类型的物业要更低。最后，因去化困难、规避资产减值等原因从存货或固定资产等科目转为投资性房地产的，其往往不具备变现价值。因此，需要根据投资性房地产来源、所处城市、区域、市场活跃度、物业类型、出租情况等综合判断其真实变现价值情况。

1.5.3 投资性房地产财务舞弊主要方法

1. 成本模式下的主要财务粉饰/调节手段

在成本模式下，投资性房地产由于按照其历史成本记账，后续同固定资产或无形资产，需按会计准则相关规定按期计提折旧或摊销。由于不考虑公允价值变动因素，可调节财务报表的空间相对较小，但在初始入账及后续折旧过程中仍存在一定粉饰/调节报表的空间。

（1）虚增投资性房地产初始入账价值，扩大资产规模。企业可通过虚增投资性房地产的初始入账价值扩大资产规模，获得评级、融资等方面的便利性。在分析企业投资性房地产时，中债资信认为首先应关注投资性房地产建设或外购的合理性。若企业主业并非物业租赁但持续入账大规模投资性房地产，而租金收入并未有相应增长，则可能存在通过投资性房地产虚增资产规模的行为。其次，需要关注物业或土地真实价值与账面价值的差距是否处于合理区间。如工业厂房购买或建设投资成本较低，但企业可通过与关联方配合做大建设或购买成本，同时资金可借机流出体外，未来再以其他形式回流，从而达到虚增资本、转移资金的目的。对于此类情况，中债资信建议可通过投资性房地产年租金收入/入账成本计算其出租投资回报率以判断入账价值的合理性。若租金投资回报率很低，甚至低于企业资金成本，其入账价值虚高的可能性较大。

【案例1-12】抽屉协议虚增价值

D企业原主营传统化工业务，后转型进入物流产业。自2017年物流中心投入建设以来，公司投资性房地产账面价值持续提升，采用成本模式进行计量。公司投资性房地产主要由物流园区组成，包括物流园区内的基础设施和仓储设施。业务收入主要来自供应链贸易服务以及园区仓储租赁。

2017~2021年，D公司投资性房地产账面价值由4亿元快速增至112亿元。公司后期虽将其计量模式转为公允价值计量（可避免折旧摊销，优化损益表），但其公允价值变动相对较小，规模增长主要来自建设投入。虽然公司园区数目快速增加，但其租赁收入未相应增长。此外，公司由于期间费用及成本较高，经营性业务利润规模很小，利润总额中，物流园区获得的补贴收益占公司利润总额近三年平均比例接近90%。在公司投资性房地产持续投入的背景下，资产增长并未带来对应收益，利润依赖补贴返还，企业通过抽屉协议虚增投资性房地产价值的可能性较大。

（2）通过折旧、摊销和减值调节利润。成本模式下投资性房地产需按期计提折旧、摊销并进行减值测试，而折旧摊销和减值包含了大量的职业判断，主观因素较强，企业可通过调节折旧、摊销或减值规模来调节当期利润。房屋及建筑物的折旧年限通常在20~30年，如当年公司经营情况较差，可通过延长折旧年限或增加残值等方法减少折旧从而降低成本，增加利润。对于上述报表粉饰行为，可通过对比同行业企业投资性房地产折旧要素，以及历史上是否频繁出现在业绩下滑年份变更折旧政策的情况来识别。

2. 公允价值模式下的主要财务粉饰/调节手段

通过上篇中对公允价值计量模式下投资性房地产会计处理对于报表的影响分析可以看出，后续计量期间房地产的公允价值变动计入当期损益，且从其他会计科目转换至投资性房地产的过程中其价值的差额亦可能影响企业所有者权益，给予企业较大的报表调整空间。

（1）通过转换计量方式增厚权益、扩大资产规模。在我国目前房地产市场环境下，投资性房地产公允价值普遍高于成本价值，多数企业投资性房地产由成本模式转为公允价值计量后，其早期购入的房地产的公允价值往往是成本的数倍。增值部分计入"利润分配——未分配利润""盈余公积"科目，从而增加所有者权益和总资产规模，降低公司资产负债率。此外，投资性房地产规模提升后也为公司向银行、信托等金融机构进行抵质押融资、拓宽融资渠道和提升授信额度提供了空间。

（2）通过公允价值变动进行盈余管理。采用公允价值计价后，每年需对投资性房地产价值进行重新评估，评估增值计入"公允价值变动收益"科目直接提高账面利润，企业亦可通过评估减值来达到平滑利润的目的。为减少公允价值变动损益对于企业盈利能力判断的影响，我们可以分析企业利润结构，区分利润中哪些是企业经营业务带来的，哪些是会计手法带来的。对于投资性房地产价值变动较大的企业，可剔除公允价值变动后考量公司实际业绩表现与财务情况，或按照成本模式对投资性房地产进行计量并模拟测算不同计量模式对公司财务状况、资产负债及各项关键财务指标的影响。

【案例 1-13】公允价值的隐藏

E 企业主营家居建材零售业务，所持家具商场布局城市广泛。公司自有商场的物业产权归公司所有，所持物业均计入投资性房地产科目，因此自有商场为主的投资性房地产构成了公司最主要的经营性资产，占资产总额比重约 70%，采用公允价值计量。

根据公司披露信息，2018 年 E 公司所持物业购置成本 460 亿元，公允价值 785 亿元，公允价值计量模式下资产增值率较高。假若以成本模式计量，折旧摊销期限按 40 年计，当年净利润较公允模式计量情况下低约 45%，资产负债率相应的由 60% 升至 80% 水平。如表 1-24 所示，列示公司投资性房地产公允价值变动对盈利水平的影响。

表 1-24 公司投资性房地产公允价值变动对盈利影响情况

	2017 年	2018 年	2019 年
投资性房地产账面价值（亿元）	708.31	785.33	851.07
公允价值变动净收益（亿元）	19.96	17.67	16.32
其中：投资性房地产（亿元）	19.96	18.20	16.01
净利润（亿元）	42.78	47.05	46.86
净利润率（亿元）	39.03	33.04	28.45
剔除公允价值变动损益后的净利润率（%）	20.82	20.63	18.54

资料来源：公开资料，中债资信整理。

E 公司盈利主要来源于物业租赁与销售，但可以作为公允价值变动收益为盈利的重要补充，对营业利润贡献约 20%~30%。若剔除投资性房地产增值带来的利润，公司净利润率降低明显，且房地产未处置前该部分收益对实际现金流并无影响，无法增强公司债务保障能力。近年公司物业持续升值，对盈利表现起到重要贡献作用。但随着租赁市场景气度下行，部分投资性房地产实际价值已经低于账面公允价值，只不过在账面上并未体现。

（3）通过转换资产用途来调节报表。在成本模式下，非投资性房地产在转换为投资性房地产时不会影响利润表；而在公允价值计量模式下，虽然转换日公允价值大于账面价值的差额计入其他综合收益，不影响当期利润，但所有者权益规模将增加。且在后续计量时，公允价值持续增加有益于资产负债表及利润表表现。而在房地产价格下行时，及时收回出租物业转为固定资产可以降低后续投资性房地产公允价值变动损失对当年利润的不利影响。因此有些公司为调节利润甚至频繁将投资性房地产和自用房地产相互转换。

由于在公允价值模式下企业转换投资性房地产可能带有粉饰报表的目的，需特别关注转换是否"具有商业实质"，即该转换是否具有合理性、被转换资产未来是否具有增值空间。若公司将未来租赁价值较低的资产转为投资性房地产，则存在较大的粉饰报表嫌疑，需关注其投资性房地产的后续出租和估值情况。针对房地产企业来说，需特别关注公司被动将存货转为投资性房地产的情况，该举动表明房企原有存货去化变现困难。

【案例1-14】存货转化，粉饰财务报表

F房地产企业2020年因建设完工项目去化不畅，将大批存货、固定资产中的建筑转为投资性房地产，年末投资性房地产科目账面价值较期初大幅增长43%，该划转部分资产账面原值33亿元，转为投资性房地产后账面价值48亿元，差额计入其他综合收益，公司净资产规模增加15亿元。然而通过对相关转换资产出租情况调查，多个转换为自持的物业出租率低于30%，部分物业出租率甚至为0%，可见其存在被动将存货转为投资性房地产的情况，一方面出于掩盖项目销售不畅的事实，另一方面粉饰了财务报表。

1.6 股权投资

1.6.1 科目特点

1. 股权投资主要相关科目

非金融企业股权投资科目主要分为长期股权投资、交易性金融资产和其他权益工具投资。其中，长期股权投资系对子公司以及联营、合营企业的投资（控股或参股），旨在长期持有，通常以持股比例20%、50%区分为界。交易性金融资产（以公允价值计量且其变动计入当期损益的金融资产）拟为短期持有获取差价，如股票、基金、权证等金融资产。在旧企业会计准则下，若投资标的持有意图不明确，无法纳入上述两个科目时，均可计入可供出售金融资产科目；在新企业会计准则下，将可供出售金融资产拆分成其他债权投资（债权类投资不纳入本书介绍范围）和其他权益工具投资（以公允价值计量且其变动计入其他综合收益的金融资产）。

在境内外同时上市的企业以及在境外上市并采用国际财务报告准则或企业会计准则编制财务报告的企业，自2018年1月1日起施行新企业会计准则；其他境内上市企业自2019年1月1日起施行；执行企业会计准则的非上市企业自2021年1月1日起施行；同时，鼓励企业提前执行。

（1）长期股权投资——实质重于形式原则模糊了对被投资方影响的认定，实操中经营者可通过一纸声明宣称在投资方决策机构中的地位，从而摆脱持股比例的禁锢，为后续核算留有调整空间。

长期股权投资，是指投资方对被投资方实施控制、共同控制及重大影响的权益性投资。其中，"控制"指对子公司的投资，通常情况下，直接或间接持股比例在50%以上；"合营"指由持股各方对被投资方实施共同控制，经营过程中的重要决定，需要享有控制权的各投资方一致通过；"联营"指对被投资方具有重大影响，一般指有权参与决策持股对象财务或经营活动，持股比例通常置于20%~50%。企业会计准则中对控制、共同控制及重大影响的判断遵循实质重于形式原则，即不以持股比例作为判断的绝对依据，如持股比例不足50%时，若对被投资方经营和财务活动具有主导能力时，可认定为控制；持股比例低于20%时，若在被投资方权力机构中派有代表等，有权参与被投资方经营财务政策的指定时，可认定为实施重大影响。

（2）其他权益工具投资——核算定义使其入账主观性较强，可成为企业股权投资行为的包容性科目，层层嵌套下投资的底层资产价值难以真实反映，公允价值计量属性亦增加了报表粉饰空间。

新企业会计准则下，其他权益工具投资替代了原准则下可供出售金融资产科目中的股权投资部分。该科目是指在初始确认时，将非交易性权益工具投资指定为以公允价值计量且其变动计入其他综合收益的金融资产。该类投资应具备非短期交易性目的，企业投资上市公司股票或非上市公司股权的，都可能属于这种情形。过往，当非短期交易的股权投资不满足长期股权投资核算定义时，常纳入可供出售金融资产核算，且由于公允价值核算主观性较强，特别是对于非上市公司股权，往往难以反映出投资标的真实价值。

（3）交易性金融资产——以短期赚取价差持有为目的，在市场上具有公允价值。

交易性金融资产旨在短期内通过价格变化获取收益，可核算权益工具、债务工具及衍生工具。企业常见的投资品如股票、基金、权证等应计入该科目，即以公允价值计量且其变动计入当期损益的金融资产。对于权益工具投资而言，其一般不符合本金加利息的合同现金流特征，除被指定为其他权益工具投资以外，均应纳入交易性金融资产科目。

2. 股权投资相关科目记账方式

（1）长期股权投资的初始计量。

同一控制下和非同一控制下的企业合并入账价值差异以历史价值和公允价值相区分；同控合并仅影响报表权益变动，而非同控下溢折价购买分别产生商誉和营业外收入（合并口径），影响报表损益变动。

同一控制下的企业合并，入账价值为取得被合并方所有者权益在最终控制方合并报表中的账面价值份额，与其付出对价多少无关，同时需考虑前期最终控制方收购被合并方形成的商誉。此处的商誉并非本次合并中产生的，即同一控制下合并不产生新商誉，最终差额由资本公积配平。非同一控制下的企业合并，以付出对价为入账成本，对价大于享有被合并方净资产公允价值份额时，形成正商誉，合并报表中确认商誉；反之，形成负商誉，合并报表中确认营业外收入，而个别报表中均无须体现。付出对价形式包括现金、发行股票、承接债务等多种形式，对于以存货、固定资产等对价形式，可按照将其先出售、再以收到的现金购买的思路进行账务处理。

【案例1-15】企业合并的两种情形

A以银行存款700万元为对价，取得B公司80%控股股权，能够对B实施控制。

若A、B合并前同属同一集团控制，合并日B公司所有者权益在集团合并报表中账面价值800万元。

若A、B合并前不存在关联关系，购买日B公司可辨认净资产公允价值800万元。

两种情况下，A公司账务处理分别如下：

借：长期股权投资640（800×80%，在最终控制方合并报表中的账面价值份额）

资本公积60（差额）

贷：银行存款700（支付对价）

借：长期股权投资 700（700-800×80%=60，形成正商誉，合并报表中确认商誉）

贷：银行存款 700（支付对价）

综合来看，同控合并按照账面价值计量，对于支付对价与原账面价值的差额，个别报表及合并报表中仅影响权益变动，不影响利润变动，避免了产生自买自卖现象。非同控合并按照公允价值计量，若折价购买，合并报表中可确认营业外收入，增加当期损益，但当前企业合并中，溢价购买较为常见，多付出的对价为商誉买单。由于商誉减值具有弹性，在当期壮大资产规模、降低债务负担的同时，经营者未来可通过商誉减值的计提，进行利润调节，商誉减值已由侵蚀利润的风险转变为调节利润的手段。

同控合并下被合并方在合并日前的收入、成本费用及利润都需要纳入合并报表，非同控下则仅核算合并日后的利润，因此也滋生了利润调节的手段，如突击进行同控合并，追溯调整增加利润，或由于资产价值均以账面价值列式，合并后可快速处置增值资产；而非同控合并下，将成本费用的核算前置，收入确认时点推迟至合并后，将提升销售毛利，或在合并前大额计提资产减值准备，合并后减值转回，提升当期利润水平。

对联营、合营企业的长期股权投资参照公允价值入账，按照支付对价与被投资方可辨认净资产公允价值份额孰高计量（与非同控类似，区别在于相关税费的处理），当支付对价较低时，形成有利差额，由于参股企业不涉及并表，个别报表及合并报表下均确认营业外收入。

【案例1-16】联营、合营的长期股权投资

A、B不存在关联方关系，A以银行存款200万元为对价，取得B公司30%股权，并对其经营决策实施重大影响。交易日，B公司可辨认净资产公允价值800万元。A公司账务处理如下：

第1章 资产类科目常见财务舞弊手段

借：长期股权投资——投资成本　　　　　　　　　240

　　　　（800×30%>200，二者孰高原则计量）

　　贷：银行存款　　　　　　　　　　　200（支付对价）

　　　　营业外收入　　　　　　　　　　40（有利差额）

（2）长期股权投资的后续计量。

基于成本法和权益法的计量方式，成本法仅分红时影响损益，权益法则需根据被投资方所有者变动频繁调整长期股权投资账面价值及损益。

对被投资方达到控制时，长期股权投资后续计量采用成本法。成本法下，除增资或处置外，长期股权投资的账面价值不发生变化，仅当被投资方宣告发放现金股利或利润时，确认投资收益。

对被投资方实施共同控制、重大影响时，长期股权投资后续计量采用权益法。权益法下，根据被投资方所有者权益的变动（包括净损益、其他综合收益、利润分配和除此以外其他权益变动）来调整长期股权投资账面价值，并同方向确认投资收益等科目。

【案例1-17】长期股权投资后续计量的不同情形

甲公司股本1亿股，A、B均持有甲公司40%股权，但由于A在甲董事会中的人数占主导，可达到控制，故采用成本法进行核算，B则采用权益法进行核算，不涉及评估时点的增减值。

第一年，甲公司获得净利润1亿元（无未实现内部交易损益），同时宣布每股派0.1元。

A账务处理：

借：应收股利　　　　　　　　　　　　　　　　　400

　　贷：投资收益　　　　　　　　　　　　　　　400

B账务处理：

借：应收股利　　　　　　　　　　　　　　　　　400

　　贷：长期股权投资——损益调整　　　　　　　400

借：长期股权投资——损益调整　　　　　　　　4 000

  贷：投资收益　　　　　　　　　　　　　　　　　　　4 000

  第二年，甲公司亏损2 000万元（无未实现内部交易损益），不进行股利分配；上年股利分派完成。

  A账务处理：

  借：银行存款　　　　　　　　　　　　　　　　　　　400

   贷：应收股利　　　　　　　　　　　　　　　　　　400

  B账务处理：

  借：银行存款　　　　　　　　　　　　　　　　　　　400

   贷：应收股利　　　　　　　　　　　　　　　　　　400

  借：投资收益　　　　　　　　　　　　　　　　　　　800

   贷：长期股权投资——损益调整　　　　　　　　　　800

  综合来看，采用不同方法进行后续计量，对投资方的资产负债表和利润表可产生不同影响。上述例子中，成本法下，仅第一年由于分配股利确认投资收益400万元，长期股权投资始终未发生改变；权益法下，第一年和第二年分别由于被投资方盈利和亏损，确认投资收益4 000万元和-800万元，并且相应增加和冲减长期股权投资账面价值。成本法核算的特点在于，除发放现金股利外，长期股权投资等不随被投资方所有者权益变动调整，对投资方损益表和资产负债表影响较小；权益法核算每年末将根据被投资方所有者权益变动调整长期股权投资及投资收益等科目。基于上述核算特点，两种方法在不同报表口径下各有利用空间：合并报表中，倾向于将盈利子公司并表、亏损子公司出表；母公司报表中，倾向于将亏损标的按子公司处理，通过成本法核算，母公司无须确认投资损失，另可根据自身的现金或利润状况，决定子公司股利分配，如当母公司面临再融资需求时，子公司可进行大额利润分配，充实母公司利润水平。若被投资方盈利时，则更倾向于按联营企业处理，通过权益法核算，增加利润规模。

（3）长期股权投资的减值及处置。

每期末进行减值测试，若发生减值冲减长期股权投资账面价值，确认资产减值损失影响损益，处置时差额调整投资收益。

企业会计准则规定，资产负债表日需对长期股权投资进行减值测试，当可收回金额低于账面价值时，差额计提长期股权投资减值准备，无论是成本法还是权益法核算，减值准备都不允许转回。由于可收回金额的会计估算具有一定主观性，长期股权投资的减值亦是利润操纵的常用手段。一方面，企业可通过少计少提、不计不提等手段高估资产并虚增账面利润，抑或错期计提以调节利润；另一方面，企业可通过新增长期股权投资，掩饰资金的外流或虚增的利润等，未来再归咎于投资的失败，通过计提减值，使虚增的资产消逝。

长期股权投资的处置表现为出售被投资方股权，交易对价与账面价值的差额，确认投资收益；权益法下，需同时冲减持有期间涉及的其他综合收益和其他资本公积至投资损益。股权处置的舞弊常表现为交易对价不公允、持有期间较短、交易双方存在潜在关联关系、交易频率高等特征。通过虚假关联交易，将底层资产较差的投资以远超自身价值的估值出售，赚取资本利得，增厚损益，同时出售的比例涉及后续核算方法的变更，快进快出避免年末并表，拖累利润水平。

被投资方重新计量设定受益计划净负债或净资产变动引起的其他综合收益、被投资方持有的以公允价值计量且其变动计入其他综合收益的非交易性权益工具投资不可结转损益。

3. 其他权益工具投资和交易性金融资产的记账方法

（1）其他权益工具投资：公允价值计量，持有期间的公允价值变动和处置时的计量仅影响权益变动，而旧准则下可供出售金融资产的处置影响当期损益。

初始计量时，按公允价值与交易费用之和确认其他权益工具入账成本。后续计量中，公允价值变动计入其他综合收益，相应调整其他权益工具投资账面价值；由于持有期间以公允价值计量，不计提资产减值准备。处置时，区别于过往可供出售金融资产科目，其他权益工具投资的处置价差计入留存收益，同时前期计入其他综合收益的累计利得或损失转入留存收益，均不再转入投资收益。

【案例1-18】其他权益工具投资的账务处理

年初，A公司以5 000万元购买B公司15%股权，指定为以公允价值计量且其变动计入其他综合收益的金融资产。年末，该笔股权公允价值为6 000万元。次年，A公司以6 500万元出售该笔股权。A公司账务处理如表1-25所示。

表1-25 新旧准则对比

	旧准则	新准则
初始计量	借：可供出售金融资产——成本 5 000 贷：银行存款 5 000	借：其他权益工具投资——成本 5 000 贷：银行存款 5 000
后续计量	借：可供出售金融资产——公允价值变动 1 000 贷：其他综合收益 1 000	借：其他权益工具投资——公允价值变动 1 000 贷：其他综合收益 1 000
处置	借：银行存款 6 500 贷：可供出售金融资产——成本 5 000 ——公允价值变动 1 000 借：其他综合收益 1 000 贷：投资收益 1 500	借：银行存款 6 500 贷：其他权益工具投资——成本 5 000 ——公允价值变动 1 000 盈余公积 50 利润分配——未分配利润 450 借：其他综合收益 1 000 贷：盈余公积 100 利润分配——未分配利润 900

（2）交易性金融资产：公允价值计量，持有期间的公允价值变动和终止确认时的处置价差均计入投资收益，影响损益变动。

初始计量时，按公允价值确认交易性金融资产入账成本，交易费用冲减投资收益。后续计量中，公允价值变动影响当期损益，相应调整交易性金融资产账面价值；与其他权益工具投资类似，交易性金融资产亦不计提资产减值准备。处置时，区别于其他权益工具投资，处置价差及累计公允价值变动形成的利得或损失转入投资收益。

综合来看，由于公允价值评估过程中评估方法、基础数据的选择以及假设前提的提出等均具有较强主观性，放大了公允价值变动的可操纵性。旧准则下的可供出售金融资产具备"蓄水池"功能，持有期间的公允价值变动在处置时将转入投资收益，为企业调节利润创造契机；新准则下的其他权益工具投资虽难以直接调节利润，但仍能影响权益变动以优化资本结构，且通过多层嵌套方式，各会计期间仅对公允价值进行微调，将损害企业的实质投资行为包装成"与己无关"。此外，股权投资所属科目的认定过程具有较大主观性，不完全取决于所持股份的绝对比例，与上文所述成本法和权益法转换相类似，企业可利用自身的信息优势通过设置其他条件，在不同会计期间选择更为有利的科目进行核算，增加财报粉饰空间。

1.6.2 股权投资舞弊常见表现

股权投资舞弊的核心即粉饰利润表及资产负债表，美化财务指标，从而营造出经营向好或改善的现象，驱动的途径较多，如随着并购中高额溢价的不断显现，为了有效防控并购风险、修正估值溢价及激励管理层，基于盈利的业绩补偿协议频繁出现，从而形成或有对价，又或者出于保壳、IPO等红线考量进行财报粉饰。而对于发债企业而言，若存续期间经营不善，出现利润连续下滑或亏损，或触发投保条例，二级市场收益率将产生波动，市场价格大幅波动或引发质押风险，间接融资渠道亦或受阻。

股权投资舞弊一方面体现在未按会计准则规定记账，核算的纰漏造成财报的失真，常见表现包括：

（1）高估入账价值。如在控股合并形成的长期股权投资中，将评估、审计等直接费用计入成本，减少当期费用支出；抑或在取得股权投资时，将被投资方已宣告但尚未发放的股利纳入成本中等。

（2）持有期间核算不当。如权益法下，将参股企业的分红、其他综合收益等纳入投资收益核算，或针对被投资方的亏损未进行损益抵减，合并口径下子公司分红及内部交易未予抵消等，虚增当期利润；对于以公允价值计量的金融资产，持有期间频繁操纵公允价值变动，调节利润或资本结构。

（3）减值准备计提不当。当被投资方盈利能力等持续弱化时，未对长期股权投资进行严格减值测试，或在发生减值时，不计提或未足额计提减值准备，也可错期计提等，实现利润调节。

另一方面，股权投资的舞弊往往不局限于单一环节，而是贯穿在其持有期间，通过不合规的隐藏操作影响财务报表。

（1）变更合并范围。并表与出表是经营者美化财务指标的重要手段，本质上遵循"吸纳优等生、摒弃差等生"原则，合并范围的扩大意味着资产及资本实力的提升，但当子公司债务高企、业绩不佳时，出表则视为利好。就并表而言，可通过增持或提升决策话语权等方式达到控制；就出表而言，可通过减持或经营决策的能力丧失，将其移除表外，改为权益法下的长期股权投资进行核算，而经营者更青睐在持有意图方面模糊处理，将其重分类至其他权益工具投资或交易性金融资产科目，避免直接影响合并损益。

（2）虚构股权投资。虚构股权投资往往旨在掩盖经济利益的流出，其本质在于资产＝负债＋所有者权益的会计等式。如公司债务资金被实际控制人挪用，需通过资产负债的增长配平报表，为避免计入应收类资产（占款周期受关注），以及生产类资产（需计提折旧摊销），可通过虚增股权投资达到目的，验资完成后即可抽离，后续可再以增资等事由掩护资金持续外流。再如公司虚增收入，未分配利润推升所有者权益，此时可同理虚构股权投资配平，未来通过计提减值准备，将股权投资化为无形。股权投资也可在资产端此消彼长，即将难以收回的款项重分类至股权投资科目。

（3）粉饰投资意图。企业可通过购买基金、信托等金融产品，抑或参股股权投资有限合伙企业等，掩饰真实资金去向及底层资产价值。投资表象下，实则成为向关联方利益输送的渠道，利用金融资产投向穿透核查难度大的特点，辅以公允价值计量的属性，掩盖多层嵌套下的腐化资产价值，同时也避免了减值的计提，该类投资往往表现为本金的长期占用、难于预计的投资回收期等。

（4）操纵异常股权交易。如上文所述，合并时通常形成高额商誉，未来通过减值的计提，进行利润调节或隐藏资金外流的本质；反之，股权购买时也可压低资产或高估负债，在经营（盈利指标相对变好）与非经营端（低估的资产出售）创造盈利空间。相较于股权购买，结果导向下的股权出售端舞弊特征更为显著，当企业持续经营不善、利润颓势难以扭转时，经营者常通过股权出售赚取资本利得，填补利润，过程中的特征包括估值偏离、标的资产持有周期较短、交易频繁等，上述特征往往共同存在，如通过增资做高估值，但为避免会计核算带来的不利影响，缩短持有周期，当万事俱备时，经营者通常与潜在关联方配合，将股权资产出售，完成舞弊链条最后一环。

判断股权投资是否存在舞弊，一方面需要从账务处理、会计政策变更中寻找蛛丝马迹；另一方面需要结合实际出发，考虑会计处理背后企业经济行为的真实目的。

1.6.3 股权投资舞弊识别

1. 合并范围的变更

合并报表反映集团企业在一定时期内的财务状况和经营成果，而当前母公司举借债务、子公司经营业务的"子强母弱"模式较为常见,各子公司的业绩也直接决定集团企业的整体经营优劣。通过增减合并主体数量,可以美化当期财务指标,原则上合并范围的扩大意味着资本实力的提升,但当子公司债务高企、业绩不佳时,不将其纳入合并范围往往为更优选择。

模式解析:通常情况下,对是否纳入合并范围的判断标准在于对被投资单位的持股比例,以50%区分为界:当持股比例超过50%时,即认为达到了控制(并表);当持股比例低于50%时,可表现为具有共同控制、重大影响或其他持有意图,均不纳入合并范围。

一方面,可通过出售(购买)股权等方式减少(增加)持股比例,变更合并范围,特别对于资质较差的主体,常倾向于通过关联方完成交易。

另一方面,秉着实质重于形式原则,判断控制与否的重要因素在于是否有能力主导被投资单位的相关经营活动,若持股比例超过50%但对被投资单位的表决权不足三分之二时,则不能判定为能够主导被投资方相关活动,即不形成控制。常见的被视为不具有主导权的方式包括:

(1)最高决策投资机构(董事会、决策委员会等)由其他股东委派;

(2)决策机构中人数不占主导;

(3)与被投资单位股东签订协议,放弃或不具有委托表决等。反之则以主导经营活动为由,在持股比例不足50%时仍形成控制。

一言以蔽之,实操中企业往往通过将经营业绩差、债务负担重的子公司出表以优化合并口径财务表现。

报表影响:合并主体增加情况下,资产负债规模提升,收入利润及现金流走高,对新增子公司的持股比例及其未分配利润的规模影响权益端变化。当新增持股比例较低的重要子公司时,尽管合并口径财务表现得以美化,但资产负债表及利润表中的归母与少数股东指标将发生背离,即少数股东权益及少数股东损益科目规模较大；该情况下，现金流量表中的现金流入量往往增加，但难以区分合并口径变化前后的现金流贡献归属，对企业真实现金流判断造成干扰。

合并主体减少情况下，合并报表的资产负债规模减小，以对原子公司最新持股比例享有的权益份额确认长期股权投资等。考虑到出表子公司往往经营不佳，常表现为债务过重、经营亏损、获现滞后等，出表后将减轻债务负担，降低还本付息压力，加之出表后原子公司与母公司及其他子公司间的经济业务往来将不再抵消，也将相应增加合并口径盈余规模，具体如表1-26所示。

表1-26 合并范围变化对合并报表科目影响

报表	涉及主要科目	合并主体增加	合并主体减少
资产负债表	应收账款/存货/固定资产/在建工程……	合并账面价值累加，对于内部往来或投资涉及抵消情况	账面价值减少，对于原内部交易抵消的部分恢复
	商誉	溢价购买形成商誉（非同一控制）	前期合并形成的商誉扣除
	短期借款/长期借款/……	合并账面价值累加，涉及内部债券投资需抵消	出表导致账面价值减少，涉及合并范围内主体发行债券的部分恢复
	所有者权益	权益抵消，增加少数股东权益（如有）；剔除利润分配等，新增主体累计持续计算的净利润（按持股比例）也将增加归母权益	出表主体持续亏损或资不抵债时，归母权益及少数股东权益将增加
利润表	营业收入	合并收入累加，对于内部交易需抵消	剥离出表主体收入，对于原抵消的内部销售收入恢复
现金流量表	分配股利、利润或偿付利息支付的现金	合并口径下债务增加，利息支出相应增加，流出规模增加	合并口径下债务减少，利息支出相应减少，流出规模减小
	取得（处置）子公司及其他营业单位支付（收到）的现金	涉及现金交易时，取得子公司及其他营业单位支付的现金增加	涉及现金交易时，取得子公司及其他营业单位收到的现金增加

【案例1-19】出售股权，转为债权

D金属冶炼企业，主营房地产业务的子公司经营压力突出，项目去化压力很大，且存在部分烂尾项目，净利润持续亏损，已资不抵债。2019年向关联方出售子公司全部股权，原沉淀的高额存货资产剥离，但其子公司与企业原内部借款转为外部债权，形成约60亿元其他应收款。合并范围变更后，降低了企业债务负担，增加了利润规模，但其他应收款的回收将依靠上述房地产项目的出售，考虑到项目去化及资金回笼缓慢，且回款首要支付工程款等项目欠款，实际资金回笼情况难及预期，2020年以来D企业针对上述款项持续计提约7亿元减值准备，后续债权资金的回收难度较大。尽管原子公司出表美化了财务表现，但其实际债务到期偿付压力并未得到有效缓解。

识别方法：

（1）关注合并范围的变更及重大股权交易事宜。首先需关注年度合并范围的变更，包括（非）同一控制下企业合并、反向购买、处置子公司以及其他原因导致的合并范围的变动；其次，对于影响合并范围变化的股权交易需重点分析，如交易价格是否公允、交易对象是否关联等，特别涉及重要经营主体的并表及出表，建议辅以其所处行业发展状况、产业政策以及对报表的影响，推测合并范围变更的背后意图。

（2）关注持股比例不同于表决权比例的情况。对于持股比例不足半数，但纳入合并范围的，通常该主体经营较佳，可美化合并报表财务，但需分析母公司对其实际管控能力、资金归集制度、融资环境差异等，以判断母子公司紧密程度；对于持股比例超过半数，但不纳入合并范围的，通常该主体财务表现不佳，企业不倾向于将其纳入合并范围，而是通过长期股权投资核算，但其本质的日常经营活动、资金周转、债务偿付等仍与企业密不可分。

（3）关注合并报表科目的变化幅度。除依靠报表附注信息识别合并范围变化外，可以结合资产、负债科目期初与期末余额变动情况，盈利及营运指标改善情况，判断合并范围是否发生变化。无论合并主体增减，多出于壮大资产规模、减轻债务负担、后置债务期限分布等目的，但若合并范围变更后，财务表现反而恶化，或多为营造转型等产业布局表象或与关联方发生往来。

2. 虚构股权投资

虚构股权投资既可以掩盖经济利益外送，又可以抹平虚增的收入及利润，且股权投资的减值属性可谓"锦上添花"，未来可将上述操作归咎于投资不当。虚增股权投资的路径多种多样，其本质在于资产＝负债＋所有者权益的会计恒等式。

模式解析：

（1）掩护资金外流。当企业债务资金、自身盈余被大股东或实际控制人占用时，表现为货币资金的减少，为使资金流出合理，往往将该过程包装为股权投资活动，即通过股权投资科目掩盖资金流出体外，营造投资性现金流出表象。在此过程中，被投资单位多为企业潜在关联方，抑或为虚构的空壳公司，验资完成后即可完成资金抽离，后续可再以增资等事由进行持续利益输送。部分情况下，将此投资计入以权益法核算的长期股权投资，每年度以持股比例根据被投资单位的净利润确认投资收益，其间盈利通过中间公司过桥完成，增加了识别难度。

（2）抹平虚增收入及利润。虚增的收入及利润最终归集到未分配利润中，增加所有者权益，为配平报表，或选择调减负债或选择虚增资产，鉴于与债权人进行债务重组较为困难，故虚增资产为常见手段。虚增的资产可分为两类：一类不涉及现金流，即形成应收账款挂账，此种情况较少涉及虚构股权投资；另一类涉及现金流，虚增的货币资金直接转为对外股权投资，或转为购买存货、在建工程、固定资产等，根据公司法规定，股东可以用实物、知识产权、土地使用权等能够以用货币估价并可以依法转让的非货币财产作价出资，出于规避实物资产审计的考虑，可将上述资产"重分类"至股权投资。同时，部分企业也存在反向操作，即先以货币形式进行股权投资，后期被投资单位再通过中间公司嵌套，以经营性现金流入或直接以投资回报形式回笼资金，虚增收入及利润。

综合来看，上述模式的另一本质在于资产端内部结构的调整。对于虚构的股权投资，根据持有意图的不同，通过长期股权投资、其他权益工具投资和交易性金融资产核算。其中，长期股权投资权益法下将形成投资损益，未来年度减值的计提可抵减外流资金或虚增的现金流；由于被投资单位经营性资源较差，实际价值多难以评估，故其他权益工具投资和交易性金融资产公允价值变动随意性较大。具体如图1-7所示。

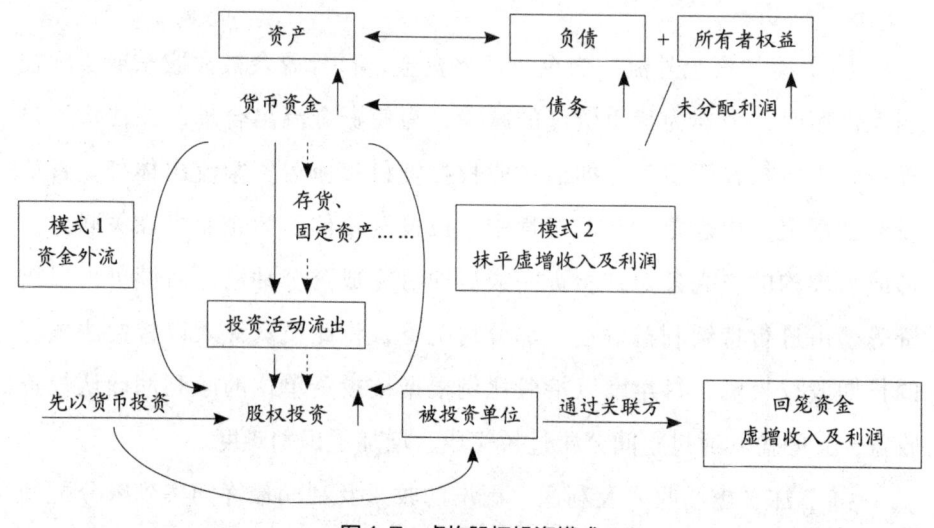

图1-7 虚构股权投资模式

报表影响：上述模式最终虚增股权投资科目，扩大了资产规模。对于资金外流表现为投资性现金真实流出；对于掩盖虚增收入及利润表现为虚假的经营性现金流入及投资性现金流出。具体如表1-27所示。

表 1-27　虚构股权投资对合并报表科目影响

报表	涉及主要科目	资金外流	虚增收入利润
资产负债表	长期股权投资/其他权益工具投资/交易性金融资产	账面价值增加	账面价值增加
	货币资金	账面价值减少	最终账面价值不体现变动
	短期借款/长期借款……	账面价值增加	—
	未分配利润	—	账面价值增加
利润表	营业收入	—	当期规模增加
	营业利润	—	当期规模增加
现金流量表	经营活动现金流	—	虚假流入
	投资活动现金流	真实流出	虚假流出

【案例 1-20】高额投资掩盖经营缺口

W 猪肉养殖企业，2016 年以来开展产业基金项目，通过下设的投资公司对外大肆进行股权投资，期间账面股权投资类科目金额快速增长，特别是可供出售金融资产价值，2018~2020 年以来复合增长率高达 105%，高额投资的背后则是主营业务经营的惨淡，2019 年 W 公司扣非净利润亏损 3 亿元。纵观可供出售金融资产投向，部分标的股东信息中未曾发现企业的持股记录，部分标的股权结构与企业存在潜在关联关系，且多存在财务状况糟糕、信用资质差、频繁涉诉等现象，此类投资与正常的商业逻辑相悖，或为虚假投资，或借机将资金流向体外。同时，部分标的股权短期内频繁腾挪，通过潜在关联方接手，创造利润，填补账面经营亏损缺口，但实际资金难以回笼，仅仅美化了利润表现，资金紧张压力犹在。通过现金流量表可以看出，2018~2020 年 W 公司出售可供出售金融资产、长期股权投资以及理财产品收益约 3.75 亿元，同期取得投资收益收到的现金可勉强匹配，但期间投资支付的现金收支缺口超百亿元。此外，由于大部分投资标的为潜在关联方，W 公司以被投资单位中无董事会为由，将股权投资纳入可供出售金融资产，避免了权益法核算抵减投资收益。

识别方法：

（1）从账面表现分析。该模式下伴随着股权投资类科目账面价值的大幅变动，拉长期限看，持有期间鲜有分红及投资回收，或分红款长期挂账，且需注意期间计提的减值是否合理。

（2）从企业自身经营情况分析。当发现股权投资频繁变动时，需结合企业自身经营情况判断，如企业自身经营不佳，融资环境收紧、资金紧张，但仍大举对外投资，则明显与正常经营理念相悖。反之，当企业经营好转时，是否仍伴有持续的对外投资举动。

（3）从股权投资回报及投资标的分析。股权投资最终的目的为获取收益，若投资回报迟迟难以兑现，需对股权投向进行分析。通过股权投资类科目的明细，可获取主要被投资单位经营情况，通常分析被投资单位所处行业景气度、自身的行业地位、是否多为关联公司等，一方面判断股权投资与企业主业关联度，若多数投资均涉足跨行业领域，需关注企业的真实意图；另一方面，判断被投资单位是否存在特殊专利技术以及未来经营前景，结合过往投资偏好，分析估值是否合理。

（4）关注大股东股权质押情况。高额的股权质押往往传递出股东对企业经营前景的不看好，同时大股东的股权质押危机也反映出其资金周转的压力，无论是出于降低股权质押融资风险或缓解资金压力，大股东亟待补流支持，此时或面临借助股权投资将资金流向体外的潜在风险。

股权投资舞弊的核心即粉饰利润表及资产负债表，美化财务指标，利用合理的会计核算口径变化造成报表失真，但更重要的是其背后各种隐藏的不合规操作。常见的舞弊方式除变更企业合并范围，美化合并口径财务表现外，还可通过不实股权或金融产品投资，掩盖经济利益流出；或在关联方配合下，频繁操纵股权资产交易，创造虚假投资收益。下文将承接上篇内容，继续对其他股权投资舞弊模式进行解析。

3. 操纵异常股权交易

重大股权交易伴随在企业日常经营活动中，体现公司未来经营方向及意图，但近年来却逐渐成为企业利润调节的重要途径。异常的股权交易价格分别体现在出售和购买端：一方面，经营不善的企业高价出售股权赚取资本利得，扭转利润颓势；另一方面，高溢价收购形成大额商誉，后期商誉减值的计提可调节利润或隐藏资金外流的本质。此类交易往往伴随交易对价不公允、交易对手方相关联、交易频繁等特征。

模式解析：

高价出售股权，赚取不实利得、美化利润。当企业主营业务经营不佳、亟待扭转利润表现时，经营者常通过体系外的投资活动赚取资本利得，除通过增加权益法核算的长期股权投资收益外，较常见的方式包括以虚高价格处置长期股权投资、交易性金融资产、其他权益工具投资（可供出售金融资产股权部分）。其中长期股权投资（可供出售金融资产、交易性金融资产）和其他权益工具投资的出售溢价分别确认投资收益和留存收益，增厚当期利润或权益规模，以达到美化利润或降低债务负担目的。整条舞弊链中涉及几个重要环节：首先对于出售标的，其自身经营和财务表现往往不尽人意；其次，经营者可通过增资或虚增订单量等方式，做高标的估值；最后，伙同关联方高价接手标的完成最后一环。其中，对标的增资往往并非真实，可通过体外关联方购买本企业产品的方式实现回流，极端情况下，交易过程中不涉及真实资金往来。此外，部分经营者出于改善主营业务表现的考虑，将所持标的企业股权全部出售，表面撇清关联关系，实际仍通过代持等方式互相绑定，后续再将产品直接或间接销售给标的企业，虚增收入及利润。具体的模式如图1-8所示。

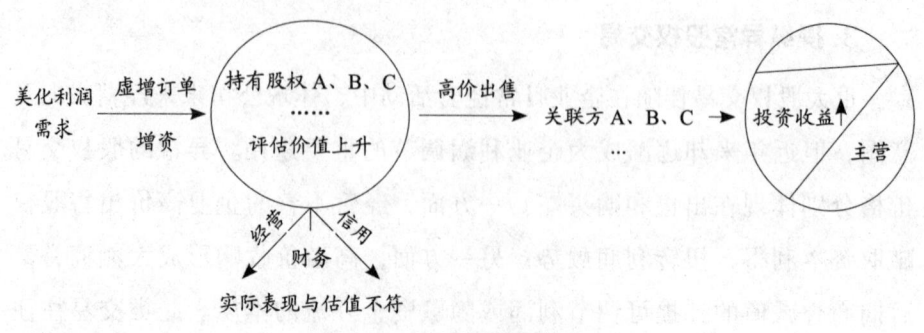

图1-8 高价出售股权模式图

【案例1-21】腾挪股权,增厚利润

M猪肉养殖企业,自身经营表现差、经营性业务利润亏损严重,为掩盖经营亏损,2016年以来M公司开展产业基金项目,通过下设的投资公司对外大肆进行股权投资,频繁腾挪股权增厚利润。2016~2020年共更换三次审计机构,并被审计机构针对其产业基金业务出具否定意见的内部控制审计报告。从其股权投资交易各维度来看:(1)投资标的异常,公司部分投资标的信用资质差,投资前已频繁涉诉或被列示征信黑名单。M公司投资行为表明尽调明显失职,投资的真实意图或为资金转移等。(2)持有周期异常,M公司投资企业众多,其中对多家标的持有周期不足一年,并多次增资以做高评估价值,随即同一会计年度将其出售,避免期末以长期股权投资核算,影响当期损益。(3)交易价格异常,近年来M公司的股权投资业务为其带来了丰厚的投资收益,2017~2019年M公司分别实现投资净收益0.38亿元、1.53亿元和3.73亿元,分别为M公司同期利润总额的14.01%、16.17%和258.13%。投资收益规模快速增长,成为M公司填补经营亏损的手段,但结合上述标的资产的信用资质,其出售股权的真实性存疑,且部分交易并未涉及实际现金流收支。(4)交易对手异常,穿透来看,M公司多数股权交易对象集中,且均存在潜在关联,虽不属于法律认可的关联方,但却具有实质关联关系,如高管朋友所控制的企业、参股企业的其他股东等。

模式解析:

高价收购股权,虚增资产、输送利益。高价收购的股权不形成控制时，溢价部分计入长期股权投资；形成控制时，合并报表中确认为商誉，即无论最终控制与否，多付出的对价直观体现非流动资产的增加，其背后隐藏的往往是企业作为受让方对外进行利益输送。由于合并报表中收购的溢价部分直接通过商誉核算，故此处以合并口径进行解析。当前企业合并以溢价并购为主导，高溢价下形成的大额商誉往往对应着子公司高标准的业绩承诺，子公司业绩不及预期时推升商誉减值风险。由于商誉减值具有弹性，近年来经营者从并购对价作为舞弊源头，利用收益法对未来经济收益预测主观性及可操作性较强的特点，对评估机构施加压力，做高股权公允价值，后期通过商誉减值的计提，调节当期利润。例如股权激励计划要求连续会计年度净利润增长率达到一定水平，当激励条件达成后，随即计提商誉减值为财务报表"洗大澡"；抑或通过举债、定增募集资金，高价收购空壳关联公司形成大额商誉，未来基于子公司亏损等原因计提商誉减值，掩盖利益输送的实质。具体过程如图1-9所示。

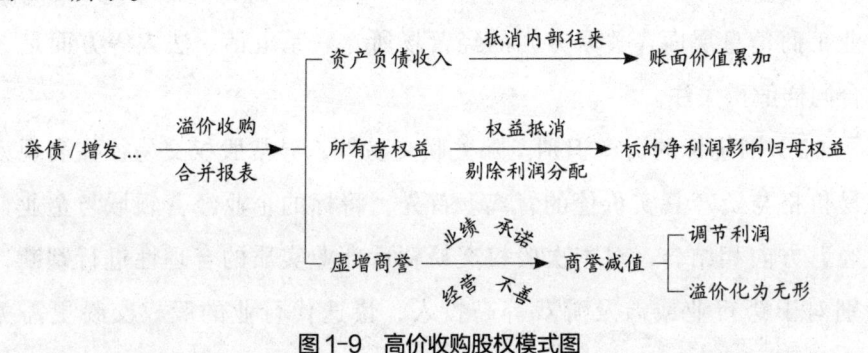

图1-9 高价收购股权模式图

【案例1-22】借壳上市，举债支撑

K安防企业，2014年以来借壳上市，由于主营内生动能不足，遂采用外延发展方式，持续并购扩大产业链以完成业绩承诺，其背后则依靠频繁举债支撑。K公司的债务负担、商誉迅速高企，2017~2018年形成商誉规模18.36亿元，占净资产的60%以上。但多家并购子公司在业绩承诺期实际盈利未能达标，高溢价收购实际回报不及预期，2019~2020年K公司分别计提商誉减值准备 1.51 亿元和 7.02 亿元，同期利润总额分别亏损 8.00 亿元和 17.00 亿元。综合来看，举债支撑下的激进投资增加了 K 公司的财务风险，且子公司在业绩承诺压力下，存在通过财务造假手段虚增利润隐患，会计师事务所认为子公司工程业务收入确认计量等存在较大缺陷，对其财务报表出具"无法表示意见"。

识别方法：

（1）交易过程中关联方的识别。无论是购买或者出售股权，异常的股权交易均需要关联方完成配合。关联方既可作为交易的源头，通过收购关联方持有标的将资金流出体外，也可作为交易的终点，通过向关联方出售标的股权增加投资收益。权属关系层面，关联方可表现为实控人或高管的亲属、朋友、贸易伙伴等设立或投资的企业，其中不乏多层嵌套关系；资金往来层面，关联方间表现为债权债务关系，相互存在频繁的内部资金拆借等占款现象；业务往来层面，关联方间存在大额的上下游业务往来，"预付账款""应收账款"等科目常年可见关联方身影；企业工商信息层面，关联方间的经营场所、联系电话、法人等方面是否重合同样值得关注。

（2）围绕标的资产识别。除关联交易外，异常股权交易往往表现为交易价格与资产真实价值的背离。首先，将标的企业经营领域与企业自身经营方向相结合，对本次股权交易背后商业实质的合理性进行判断，特别对于跨行业或涉及游戏等高投入、快迭代行业的股权交易更需关注；其次，关注标的企业自身经营及财务等情况，如成立时间、员工人数、产品技术、发展潜力、债务负担、过往信用资质等；最后，若在信息可获取情况下，可对比相近标的估值，判断交易价格的公允情况。此外，需重点关注频繁的股权交易行为，若企业在短时间内倒卖股权获取收益，且标的资质较差，则不排除企业存在操纵股权交易之嫌。

（3）对于高价出售，关注投资收益对利润的影响及实际现金流情况。投资收益占当期利润的比重反映企业非主营业务利润贡献程度，若该比值持续较高，且收益来源主要为处置长期股权投资、可供出售金融资产产生的收益时，企业或存在利用虚假股权买卖操纵利润之嫌。此时建议关注股权处置相关现金的实际流入情况，以及当期或前一年度投资活动现金流是否存在与投资支出无法对应的大额流出情况；同时辅以经营性业务利润、扣非净利润等主营业务盈利指标推测股权操纵动机。

（4）对于高价购买，关注商誉规模、业绩承诺及购买方式。首先，需要对过高的商誉警惕，可通过商誉/净资产指标在同业企业间进行横向比对，比值越高的企业越需格外关注。如影视传媒企业，由于其估值体系不透明，频繁并购背后积累大额商誉。其次，超额的业绩承诺往往也需关注。一方面若并购标的无法完成业绩承诺，则企业面临商誉减值风险；另一方面，业绩承诺压力下，标的企业存在财务舞弊动机，或将损失转移到后续年度承担，特别需重视承诺期业绩勉强达标的情况。最后，对于现金支付、债务承接方式完成的并购需加以关注，结合上述要点判断是否存在资金外流或为关联方接盘之嫌。

4. 粉饰投资意图

企业在满足正常生产、建设、研发资金需求情况下，可根据资金状况及投资计划，适当购买金融产品或对外进行股权投资，以提升自有资金使用效率及收益。但部分企业借此之名，通过购买金融产品或参股其他企业，掩盖资金真实去向。上述标的常表现为持有期间投资回报低、鲜有分红等特征，且由于多层嵌套下其底层资产难以穿透，故已成为股权投资舞弊的高发环节。

模式解析：该模式下，投资标的主要分为两种类型，对于非固定收益的金融产品，如基金、信托等，纳入交易性金融资产或其他权益工具投资核算。更为常见的是投向基金、资管等股权投资企业。由于有限合伙制企业具有管理权和出资权分离的特点，通常情况下由普通合伙人对合伙企业进行管理，有限合伙人仅承担有限参与权、获得投资收益权以及利润分配优先,故不将合伙企业纳入合并范围。近年来参股合伙企业的模式颇受经营者青睐,主要表现为以有限合伙人方式加入股权投资基金合伙企业,而管理合伙人也通过嵌套最终由关联方控制。经营者将该项投资纳入长期股权投资(重大影响)或可供出售金融资产核算。由于上述股权投资基金合伙企业投资的底层资产透明度较低,实际经营情况难以核实,既为权益法核算(长期股权投资)虚增投资收益创造了契机,也规避了减值的计提,掩盖了资金长期被体外占用的本质。具体的过程如图1-10所示。

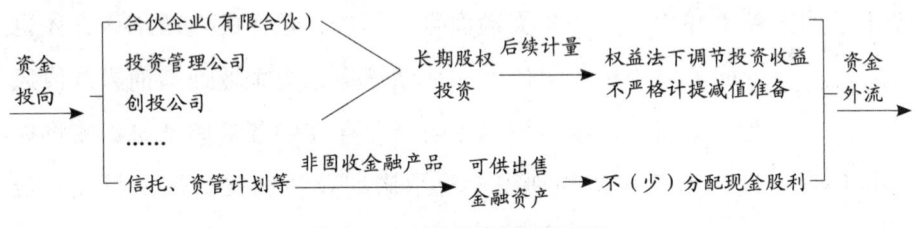

图1-10 粉饰投资意图模式图

【案例1-23】对外投资管理不善,主营经营表现不佳

VT公司作为多元综合性企业,股权结构分散,无控股股东和实际控制人,公司涉猎领域众多,主营经营表现不佳,母公司资金大举对外进行股权投资,2017~2019年经营性业务利润持续大额亏损,每年确认的投资收益为利润主要来源,但投资收益难以支撑主营颓势,且投资收益并未形成资金净流入,VT公司资金压力持续加剧,最终在2019年资金链断裂。具体来看,2016~2018年合并口径下长期股权投资分别为291.55亿元、295.16亿元和295.18亿元,权益法下核算的投资收益分别为5.15亿元、18.32亿元和1.74亿元,参股企业投资回报很低,且在投资收益大幅波动的情况下,均未计提相应长期股权投资减值。除此之外,投资收益的主要来源为长期股权投资及可供出售金融资产等处置利得,2017~2019年分别为16.42亿元、17.08亿元和27.84亿元,占同期投资收益的比重分别为67%、44%和86%。尽管企业在遭遇流动性危机时,处置股权力度加大,但相较于存量大额股权投资,处置收益微不足道。纵观近年来投资活动现金流,2017~2019年股权交易收

到的现金净额为 -171.44 亿元, 2020 年前三季度也仅为 6.02 亿元, 可以看出同期与该现金流科目关联的股权资产仍持续增长, 与其资金紧张境况明显相悖。拉长期限看, 高额的长期股权投资及可供出售金融资产也鲜有现金红利。同时, 辅以报表披露的关联方来看, 长期以来 VT 公司投资多家股权投资基金合伙企业, VT 公司作为有限合伙人对其施加重大影响, 但通过查询工商信息发现, 实则多数合伙企业或受公司最终控制, 如: 部分合伙企业股东均为 VT 集团内子公司, 部分合伙企业法人为集团系资金控股公司等。综合来看, 公司高额股权投资资金的真实流向存疑。

识别方法:

(1) 从账面表现入手。对于非资产管理公司而言, 合并口径下股权投资类资产占比越高时表明投资越为激进, 特别对于生产制造类企业, 若股权投资类资产与固定资产、在建工程等反映企业生产能力的科目余额差距持续缩小时, 表明企业的经营向投资获取资本利得倾斜, 主营业务或承压。当前"子强母弱"经营模式较为常见, 母公司鲜有主营业务, 筹措的资金主要从事股权投资业务, 投资回收周期往往很长, 债务周转高度依赖借新还旧, 对于该类业务多元的综合型企业, 需重点关注母公司股权投资情况。

(2) 从投资回报及商业逻辑入手。投资的本质在于资本利得的获取。若一笔股权投资在持有期间鲜有分红及投资回收, 或分红款长期挂账, 即投资回报很低甚至没有真实回报, 则需对该笔投资产生怀疑。无论投资真实与否, 本质上都对企业资金造成了侵蚀占用。对长期股权投资而言, 尽管依靠权益法每年确认可观的投资收益, 但长期来看现金分红比例很低, 实则为"纸面富贵", 同时企业借此避免了减值的计提。可通过关注连续会计年度投资收益中权益法核算的贡献比例、投资标的现金红利等情况, 并结合可获取的被投资单位经营、财务、工商信息, 判断确认的投资收益等是否合理。对于以公允价值计量的股权投资, 期末公允价值的变动影响权益或损益, 可结合市场环境等, 判断连续年度持续同向公允价值变动的合理性。此外,当外部融资环境收紧,企业面临流动性危机时,企业持有的高价值股权(在过往持续贡献投资收益且未计提减值)未及时处置或质押,且当年投资活动净流入规模有限甚至维持大额净流出,该表现与正常商业逻辑相悖,推测过往投资或存在舞弊行为。

5. 掩盖其他非经营损失

对于资金拆借等非经营性支出,当债务方经营困难无力归还时,按照企业会计准则,企业将对此类应收款项计提减值损失,在损失资金的同时,也拖累了利润规模。现实中,部分企业则通过股东会决议,通过债权转投资的方式,规避此类款项减值的计提,避免账面损失。

模式解析:

当资金拆借方无力偿还借款时,企业以母公司作为主体,将债权转变为对债务人的股权投资,通过经营决策影响会计核算,规避了往来款的挂账及减值。就结果而言,达到控制时,合并报表中往来应收科目核减;施加重大影响时,应收科目与股权投资科目此消彼长。就路径而言,上述往来暂借款确认为其他应收款或长期应收款,多见于同一区域内企业或关系较为紧密的企业(或为上下游关联方、同行业企业或同一实控人控制的企业)。除此之外,当企业对外担保导致代偿时,担保企业应计提预计负债,影响损益。但实际情况中,多数企业按照其他应收款核算。同时为避免减值损失,企业经常采取上述类似操作,将债权转化为股权,核减或抵消内部应收款项。

【案例1-24】连带担保责任的债转投

LC地方国有企业,对区域内某民营企业贷款提供连带责任担保,后该民营企业由于经营不善,贷款逾期引发企业代偿,LC公司成为部分贷款的直接债务人,累计为该民营企业提供代偿、资金拆借以及后续债务承接的金额近30亿元。经股东决议并协商后,LC公司通过债务重组控股被担保企业，对其进行经营管理实现资金回收。从被担保企业历史情况来看，其所处的汽车零部件生产行业市场竞争激烈，LC企业自身亏损严重且资不抵债，短期内经营向好可能性不大；企业所持土地主要为未开发工业用地，且尚未缴纳土地出让金，变现前景一般，整体代偿资金回收压力很大，LC公司未对此代偿事宜计提预计负债。从母公司报表来看，债转股之前以其他应收款列示，未计提减值损失，债转股后代偿应收款转为长期股权投资。但LC公司终究以其自有资金进行代偿，且该事件的发生引发市场关注，间接影响了公司再融资能力。具体的过程如图1-11所示。

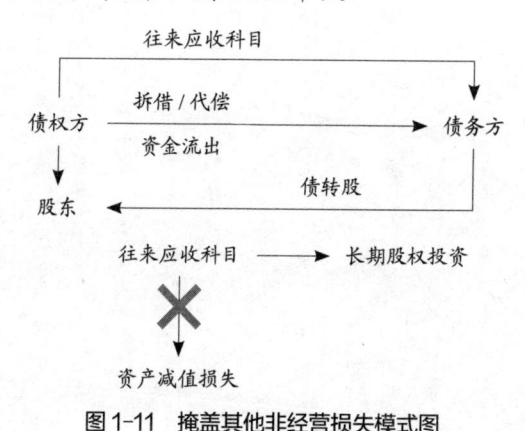

图1-11 掩盖其他非经营损失模式图

识别方法：

（1）关注债转股过程中涉及的资产科目账面价值变化。该模式最终表现为股权投资的增加，而识别的本质在于新增的投资是否为主动投资且具有足够价值，而非由债转股被迫产生。因此，首先应从账面科目余额变化入手。该模式下，债转股后直观表现为股权投资和往来应收款账面价值的一增一减，可关注涉及资产科目账面价值的变化，同时结合明细中新增投资标的加以判断。对于代偿事项，若代偿及债转股行为发生在同一会计期间，往来应收科目余额变动难以体现，此时可结合对外担保余额变动等信息分析。

（2）关注股权减值的计提。债转股后企业通过股权投资类科目核算，若企业为主动转股，如将拆借款转为增资，则转股标的未来可带来一定经济效益；反之，若被动转股，标的经营往往不佳，转股以掩盖损失。在此基础上，可关注转股后未来股权科目的后续计量，如持续未核算收益或长期未分红等，企业不提或少提减值损失，则该转股投资或为被动掩盖资金损失。为避免转股标的并表与否因素，可重点关注母公司股权投资后续计量。

第2章
负债类科目常见财务舞弊手段

本章主要以短期借款、应付票据、应交税费、长期借款、长期应付款、其他应付款、应付账款、应付职工薪酬八个科目进行介绍，这八个科目为财务舞弊常发科目，本章对其会计处理及实务处理都进行了详细的介绍，同时对不同科目相对应的常见财务舞弊手段进行了分类及详细介绍，配合相应案例介绍便于理解。

短期借款的财务舞弊识别应该主要从以下几个方向进行分析：

（1）虚计费用，调节利润；根据财务会计制度的规定，短期借款利息采用预提的方式，每月计入财务费用。有的企业为了调节当年损益，就采用虚提银行借款利息，通过期间费用账户转入当年损益。如：某企业12月份借入一笔为期8个月的银行借款，利息总额为8万元，规定在借款到期时连同本金一同归还。按照规定，利息应采用预提的方法，每月计入财务费用账户1万元，但该企业为了在年末少交所得税，就采用在当年多预提短期借款利息的舞弊手段，于年末将8万元利息全部计入当年损益，使当年利润少实现7万元，漏交所得税2.31万元。

（2）将短期借款（特别是展期的短期借款）记录，反映为长期借款，导致短期借款信息失真。

（3）通过连续展期将应由长期借款解决的资金变通为短期借款，如通过连续展期形式将获取的流动资金借款用于购建固定资产，付短期借款信息失真。

应付账款中常见的作假手法主要有：

（1）应付账款长期挂账。主要表现在企业的若干"应付账款"明细款项长期未付而挂账，有的属于合同纠纷或无力偿还，有的属于销货单位消亡而无从支付的情况，这样易导致虚列债务。例如审计人员在对某出版社进行审计时，发现其应付账明细账中有数十家单位挂账已逾5年之久，经审计函证，这些单位大都已撤销或注销，或者合并改组，该单位早应将这些无法偿付的应付账款转为营业外收入，但其却一直列为负债，结果必是虚列债务。

（2）虚列应付账款，调节成本费用。有些企业为了调控利润的实现数额，就采用虚列应付账款的方式，虚增制造费用，相应减少利润数额。例如，某企业为了少缴企业所得税，在12月份，以车间修理为名，虚拟提供劳务的单位，将自己编制的虚假劳务费用8万元，作为应付账款进行账务处理，即"借：制造费用——修理费，贷：应付账款——××"从而使12月份的产品成本虚增。假使该月产品全部销售，就会虚增销售利润8万元，结果会使本期利润虚减8万元，相应在地偷漏企业所得税 $8 \times 25\% = 2$（万元）。

（3）利用应付账款，隐匿收入。有些企业为了隐藏一些非法收入或不正常收入，以达到偷逃税款的目的，就会在收到现金（或银行存款）时，同时挂"应付账款"。例如，审计人员在对某企业审查过程中，发现一张凭证为："借：原材料，贷：应付账款"，后附一份进货清单，一张进账单，经盘问出纳人员，才知为企业一笔非法收入。为了隐瞒这笔收入，该企业领导人授意财务人员挂在往来账上。

（4）故意增大应付账款。如某企业采购人员在采购某物时，会要求对方开票员多列采购金额，套取企业现金。例如某日化工厂采购员张×在采购原料时，要求对方开具5万元的发票金额，而实际合同价为4.2万元，采购员伙同对方开票员将8千元现金套出私分，使企业财产受到损失。

（5）利用应付账款，贪污现金折扣。指有些企业在支付货款符合现金折扣的条件下，按总额支付，然后从对方套取现金私分或留存"小金库"。按规定，对付款期内付款享有现金折扣的应付账款，先按总价借记"材料采购"，贷记"应付账款"，在付款期内付款时，对享有的现金折扣应予以扣除，而以折扣后的金额付款。但有些企业付款时，对享有的现金折扣不予扣除，通过以下方式套取现金折扣，即："借：应付账款——××单位（总价），贷：银行存款"，之后再从销货单位拿取折扣部分。

（6）故意推迟付款，合伙私分罚款。有些企业财务人员伙同对方财务人员，故意推迟付款，致使企业支付罚款，待支付罚款时，双方私分此罚款，使企业财产受到损失而肥了个人的腰包。

（7）隐瞒退货。企业向供货单位购买货物后，取得了蓝字发票，但又因故把货物退回，取得了红字发货票，而作弊人员用蓝字发票计入应付账款，而将红字发票隐瞒，然后寻机转出，贪污"应付账款"。如审计人员在对某家具厂审计过程中发现，该家具厂一笔应付账款十分可疑，经函证，发现此购货对方早已退货，而应付账款却被几位财务人员合谋套出私分了。

（8）不合理挤入，假公济私。有些企业对于一些非法开支，或已超标准或规定的费用，人为挤入"应付账款"进行缓冲，如审计人员在对某一热水器生产企业审计中发现，该企业曾购入三辆"新大洲"摩托车，企业财务人员的账务处理为："借：固定资产，贷：应付账款"，但审计人员在盘点企业固定资产时，却没有发现这三辆摩托车。后经知情人透露，才知三位企业领导人利用公款买摩托车送给考入大学的子女作为奖励。

（9）用商品抵顶应付账款，隐瞒收入。企业用商品抵顶债务，不通过商品销售核算，隐瞒商品销售收入，偷漏增值税。企业如用商品抵顶债务时，通常作："借：应付账款，贷：库存商品"的会计分录，故意不作销售，不记增值税（销项税）。如某化纤厂以其产品抵顶应付账款35 100元，该厂作如下账务处理："借：应付账款——××35 100，贷：库存商品——××35 100"，结果隐瞒销售收入30 000元，销项增值税5 100元，虚减利润。

应付职工薪酬常见的作假手法主要有以下几个方面：（1）利用工资费用，调节产品成本。企业为了调节产品成本和当年利润，人为地多列或少列应计入产品成本的工资费用，从而达到调节利润的目的。例如，审计人员在审查某企业应付工资时，发现本年度工资费用比上年度有较大幅度的增长。经进一步审查得知，在建工程工资支出 60 万元计入生产成本。由此而增大了产品成本，随着产品的销售，必然会导致当年的利润减少。（2）冒领贪污。有些企业的会计人员利用会计部门内部管理不健全，虚列职工姓名，或者使原始凭证与记账凭证不一致，进行贪污。如审计人员在对一空调生产企业审计时发现，工资表中很多人的签章似乎出自一人之手，经盘问出纳人员得知，其利用本单位内部管理混乱，虚列了职工名单，伪造签名后领出现金据为己有。（3）支付利息，计入"应付职工薪酬"科目。

接下来，本章下文将详细对这八个科目的舞弊识别进行详细介绍。

2.1 短期借款

2.1.1 科目特点

短期借款是指企业借入的期限在 1 年以下的各种借款，包括企业从银行或其他金融机构借入的款项。短期借款是企业的一项重要的资金来源。为了既保证经营业务的需要，又节约借款利息支出。短期借款主要有经营周转借款、临时借款、结算借款、票据贴现借款、卖方信贷、预购定金借款和专项储备借款等。

经营周转借款。企业因流动资金不能满足正常生产经营需要，而向银行或其他金融机构取得的借款。办理该项借款时，企业应按有关规定向银行提出年度、季度借款计划，经银行核定后办理借款。

临时借款。企业因季节性和临时性客观原因，正常周转的资金不能满足需要，超过生产周转或商品周转款额划入的短期借款。

结算借款。在采用托收承付结算方式办理销售货款结算的情况下，企业为解决商品发出后至收到托收货款前所需要的在途资金而借入的款项。企业在发货后的规定期间（一般为3天，特殊情况最长不超过7天）内向银行托收的，可申请托收承付结算借款。借款金额通常按托收金额和商定的折扣率进行计算，大致相当于发出商品销售成本加代垫运杂费。企业的货款收回后，银行将自行扣回其借款。

票据贴现借款。持有银行承兑汇票或商业承兑汇票的企业，发生经营周转困难时，申请贴现的借款，期限一般不超过3个月。现借款额一般是票面金额扣除贴现息后的金额，贴现借款的利息即为票据贴现息，由银行办理贴现时先进扣除。

卖方信贷。产品列入国家计划，质量在全国处于领先地位的企业，因销售引起生产经营资金不足而向银行申请取得的借款。这种借款应按货款收回的进度分次归还，期限一般为1至2年。

预购定金借款。商业企业为收购农副产品发放预购定金而向银行借入的款项。这种借款按国家规定的品种和批准的计划标发放，实行专户管理，借款期限最多不超过1年。

专项储备借款。企业有国家批准储备商品而向银行借入的款项。

为了核算企业的短期借款，应设置"短期借款"科目，该科目的贷方登记取得借款的本金数额，借方登记偿还借款的本金数额，余额存贷方，表示尚未偿还的借款本金数额。本科目按借款种类、贷款人和币种进行明细核算。

1. 短期借款的核算方式

短期借款的核算主要包括三个方面的内容：

（1）取得借款的核算（企业从银行或其他金融机构借入款项时，应签订借款合同，注明借款金额、借款利率和还款时间等）；

（2）借款利息的核算；

（3）归还借款的核算。

短期借款一般期限不长，通常在取得借款日，按取得的金额入账。短期借款利息支出,是企业理账活动中为筹集资金而发生的耗费,应作为一项财务费用计入当期损益。由于利息支付的方式不同,其会计核算也不完全一样。若短期借款的利息按月计收,或还本付息一次进行,但利息数额不大时,利息费用可直接计入当期损益;若短期借款的利息按季(或半年)计收,或还本付息一次进行,但利息数额较大时,则可采用预提的方式按月预提、确认和费用。

具体的核算过程:

短期借款核算企业向银行或其他金融机构等借入的期限在1年以下(含1年)的各种借款。

(1)企业借入的各种短期借款:

借:银行存款

　　贷:短期借款

(2)资产负债表日,应按计算确定的短期借款利息费用:

借:财务费用

　　贷:银行存款(直接支付)

　　　　应付利息(月末计提)

借:财务费用

　　贷:应付利息

(3)归还借款:

借:短期借款

　　贷:银行存款

2. 短期借款的会计处理

【案例2-1】短期借款的举例

DS公司于2021年1月1日向银行借入80万元,期限9个月,年利率4.5%,该借款的利息按季支付,本金到期归还。有关处理如下:

（1）1月1日借入款项时：

借：银行存款　　　　　　　　　　　　　　　800 000
　　贷：短期借款　　　　　　　　　　　　　　800 000

（2）1月末预提当月利息800 000×4.5%÷12=3 000（元），会计分录如下：

借：财务费用　　　　　　　　　　　　　　　3 000
　　贷：应付利息　　　　　　　　　　　　　　3 000

月末预提当月利息的处理相同。

（3）3月末支付本季度应付利息时：

借：财务费用　　　　　　　　　　　　　　　3 000
　　应付利息　　　　　　　　　　　　　　　6 000
　　贷：银行存款　　　　　　　　　　　　　　9 000

第二季、第三季度的债务处理同上。

（4）10月1日偿还借款本金时：

借：短期借款　　　　　　　　　　　　　　　800 000
　　贷：银行存款　　　　　　　　　　　　　　800 000

企业取得短期借款而发生的利息费用，一般应作为财务费用处理，计入当期损益。银行或其他金融机构一般按季度在季末月份结算借款利息，每季度的前两个月不支付利息。

按照权责发生制原则，当月应负担的利息费用，即使在当月没有支付，也应作为当月的利息费用处理，应在月末估计当月的利息费用数额。

在短期借款数额不多，各月负担的利息费用数额不大的情况下，年内各月份也可以采用简化的核算方法，即于实际支付利息的月份，将其全部作为当月的财务费用处理，借记"财务费用"科目，贷记"银行存款"科目。但在年末，如果有应由本年负担但尚未支付的借款利息，应予预提，否则会影响年度所得税的计算。

3. 短期借款的利息结算方式

短期借款的利息结算方式分为按月支付、按季支付、按半年支付和到期一次还本付息方式。

如果企业的短期借款利息按月支付，或者利息是在借款到期归还本金时一并支付且数额不大的，可以在实际支付或收到银行的计息通知时，直接计入当期损益。

如果短期借款的利息按期支付（如按季），或者利息是在借款到期归还本金时一并支付且数额较大的，为了正确计算各期的盈亏，应采用预提的办法，先按月预提，计入当期损益，到期在进行支付。

短期借款是企业的一项重要的资金来源。为了既保证经营业务的需要，又节约借款利息支出，在会计核算时应注意以下几点：

（1）必须根据业务需要编制借款计划，取得借款后按规定范围使用；

（2）企业从银行贷款必须有相应的物资保证；

（3）短期借款必须到期偿还；

（4）按规定利率支付借款利息；

（5）短期借款应按借款对象、种类、金额、利率和偿还期分别进行明细核算。

发生的短期借款业务，一般都需要经过批准款、签订借款合同或协议、取得借款、计算利息偿还借款等一系列程序。因此查证时应循此程序进行。具体地讲应从以下几方面进行：

（1）查证其借款计划，并将有关内容同企业现金流量表或筹资计划书核对，以确定借款计划是否必须、合理；

（2）查证借款企业的物资保证情况，分析企业的借款物资保证有无不足或多余情况，以确定是否存在短期借款管理方面的漏洞，以至违法违纪问题；

（3）查证短期借款是否存在归还不及时、不足额的问题时，可查阅短期借款有关明细账,看其还款时间同借款计划和银行规定还款时间是否相符,查证还款是否及时。并可核对借款额和还款额,确定还款是否足额;

(4)查证预提费用总账与明细账以及财务费用总账与明细账,短期借款总账与明细账,看短期借款利息计提是否及时,金额是否正确。

2.1.2 短期借款舞弊常见表现与识别

1. 短期借款利息处理不合理

(1)常见表现。

①虚计银行存款利息。企业人为地调节当期损益,虚计银行存款利息,通过企业的"期间费用"账户转入当期损益。

②不提借款利息或少提借款利息。企业为了虚增当期利润,减少期间费用,采用本期不提借款利息或少提借款利息的做法,从而将短期借款利息转嫁到下期或延长摊销,虚增当期账面利润。

(2)识别。

①审阅会计资料。审阅短期借款明细账记录,审阅相关的记账凭证,查看短期借款期限及支付利息金额、付息时间。

②审查利息的核算。在此基础上进一步审查企业对利息的核算,看其是否按月预提利息,各月预提利息的计算是否准确,预提利息计入对方什么账户,有无将预提利息集中在某一较长计算期或者不按规定计入当期损益的现象。

③审查"账务费用"账户的明细记录或者记账凭证。如果还不能准确判断,则应更进一步审查"账务费用"账户的明细记录或者记账凭证,从而确认企业按月预提了短期借款利息,并按月计入了"账务费用"账户。

2. 短期借款业务程序和手续不完备、不合规

（1）常见表现。

企业发生的短期借款业务未经有关机构批准，或者所签订的借款合同条款不完备等。

（2）识别。

审计人员应审计企业的短期借款计划，检查企业是否编制了短期借款计划，计划项目内容是否全面，有关数字计算是否准确，编制计划的依据是否科学、合理等。同时将计划的有关内容与企业现金流量表或筹资计划书进行核对。

3. 短期借款未按规定用途使用

（1）常见表现。

企业未按合同约定的范围使用短期借款。

（2）识别。

审计人员应根据"短期借款"明细账确定借款的具体种类及金额，追踪检查相应时期的会计资料，查证企业对短期借款是否按规定的用途使用。

4. 取得短期借款时物资保证不足

（1）常见表现。

取得短期借款缺乏物资保证，难以按期归还。

（2）识别。

审计人员应根据企业有关财产物资账户及会计资料，检查取得该项借款时有无物资保证，并分析、鉴定作为保证的物资是否是适销、适用的产品、商品及材料，同时查明借款保证物资的价格、金额计算是否正确，有无多计现象。

2.2 应付票据

2.2.1 科目特点

应付票据是指企业购买材料、商品和接受劳务供应等而开出、承兑的商业汇票，包括商业承兑汇票和银行承兑汇票。

在我国应收票据、应付票据仅指"商业汇票"，包括"银行承兑汇票"和"商业承兑汇票"两种，属于远期票据，付款期一般在1个月以上，6个月以内。其他的银行票据（支票、本票、汇票）等，都是作为货币资金中的其他货币资金来核算的，而不作为应收应付票据。

凡期限在1年或1个经营期内的应付票据，称为短期应付票据，属于流动负债；期限在1年中1个经营期以上的应付票据，称为长期应付票据，属于长期负债。

短期应付票据有带息票据和不带息票据之分。带息票据的面值就是票据的贴现值，在资产负债表，除以面值列示负债外，还须将应付未付利息部分作为另一种流动负债列示。不带息票据的不是票据到期时应付的金额，这类票据可由企业签发用于向银行借款。理论上，应付票据均应折现，按现值计价。但若是企业在经营活动中出具的短期应付票据，由于若是企业在经营活动中出具的短期应付票据，由于发票日与到期日相距很短，其折现值和到期值很接近，根据重要性原则，可略而不计，而按面值入账。但在营业活动以外出具的应付票据，如因借款而出具的票据，则不论期限长，应按现值入账。

短期应付票据主要有两种形式：应付商业票据和应付短期贷款票据。

应付商业票据是购买企业在正常商业活动中向供应商承诺在将来特定时日、支付一笔固定货款的票据。与应付账款相比，应付商业票据由于提出了付款的局面承诺，因而更是法律上的约束力，所以，当供应商对购买企业的资信程序不太了解或交易的金额较大时，为了降低风险往往会要求购买企业出具商业票据。但不论是哪种票据,通常都是按到期的金额即票的(中本金)计价。如果是带息票据,那么,在每一会计期末,购货企业还应计提应付票据上的利息费用和相应的应付利息。为了经核算程序,通常只是在年末才计提当年至年末时的未到期票据上的累计应付利息和利息费用,而在每一月未则不作计提。

应付短期贷款票据是企业签发的、据以向银行举借短期贷款的票据。通常的做法是,票据上的借款利息由银行从贷款额中预先扣除。在票据上的借款利息由银行从贷款额中预先扣除。在票据到期时只需按票据本金偿付借款,而无须定期支付利息。在会计核算上,应付票据是按面值反映的,由银行扣除的贴现折扣则记入单独设置的"应付票据贴现"账户。在票据续存期内,应付票据贴现应作为利息费用分期摊入各期,通常采用的方法是直线摊销法。

应付票据的会计处理要点如下:

(1)带息应付票据应根据票据的存续期间和票面利率计算应付利息,并相应增加应付票据的账面价值。但到期不能支付的带息应付票据,转入"应付账款"科目核算后,期末时不再计提利息。

(2)不带息应付票据的会计处理要点。

①应付票据贴现指企业通过签发票据凭以向银行办理短期性质的贴现借款。企业签发的据以向银行办理贴现借款的票据一般为不带息票据。

②应付票据贴现的计算。

③不带息应付票据与利息。

不带息应付票据并非真正意义上的不带息,而实际上已将利息包含在面值之内,表现为隐含利息。不带息应付票据隐含利息一般按照市场利率计算。

④我国会计实务中对不带息应付票据中所隐含的利息不单独核算,而将其视为不带息,按面值记录。

2.2.2 应付票据舞弊常见表现与识别

应付票据舞弊的常见表现如下：

1. 使用时违法违规

主要表现为：

（1）有的单位明知企业在非商品交易中不得使用商业汇票，却使用商业汇票；

（2）有的单位明知商品交易在没有合法的商品购销合同情况下，不得使用商业汇票，却故意使用商业汇票；

（3）有的单位保管票据的人员可能将本企业所拥有的应收票据私自用于其本人、亲属或其他企业的非法抵押，给本企业带来潜在经济风险。

2. 设置账户时浑水摸鱼

主要表现为：

（1）有的单位不设置"应收票据登记簿"，故意使应收票据的种类、签收日期、票面金额、承兑人、利率含糊不清；

（2）有的单位甚至不设置"应收票据"账户，使得"应收票据"核算缺乏详细性，达到浑水摸鱼的目的。

3. 会计核算时混淆黑白

主要表现为：

（1）混淆应收票据的核算内容和使用范围，从而影响核算内容的正确性；

（2）有的单位将不属于应收票据的经济业务列作应收票据处理，如将银行汇票、银行本票与银行承兑汇票混淆核算；将应收账款业务列作应收票据；

（3）有的单位虚构应收票据业务，虚增收入，虚增利润，粉饰经营业绩；

（4）有的单位发生了应收票据业务，却不进行核算，虚减收入，虚减利润，达到偷漏税金的目的；

（5）有的单位销售商品已取得货款，却列作应收票据，将货款予以贪污或挪用。

4. 到期收回时消极对待

"应收票据"是企业为了反映和监督应收票据的取得及款项回收情况而设置的一个账户。按现行制度规定，商业票据的承兑期限最长不得超过6个月，如果汇票到期，付款人无力支付票款，承兑人必须无条件支付票款。如果是商业承兑汇票，承兑人无力支付票款时，收款企业应按照商业承兑汇票的到期值将其从"应收票据"账户转入"应收账款"账户。但在实际工作中，有的单位的经办人为了谋取私利，不积极组织催收，收取了对方好处费后故意到期不回收，长期挂账；有的单位故意将已收回的"应收票据"不按规定及时结转，长期挂账，达到挪用收回款项的目的。

5. 计提坏账准备时无中生有

按照现行制度，企业持有的应收票据不得计提坏账准备，但有的单位为了虚增管理费用，将应收票据的余额也作为计提坏账准备的基数，从而达到虚减利润，偷漏税金的目的。

应收票据的识别主要包含以下内容：

（1）审计目标。

制定合理的应收票据审计目标，为实现应收票据审计指明方向。应收票据审计目标具体包括：

①确定应收票据数据的正确性；

②确定应收票据内容的真实性；

③确定应收票据业务的合法性；

④确定应收票据主要账务处理的合规性；

⑤确定应收票据会计报表列示的恰当性。

（2）审计程序。

确定科学的应收票据审计程序，使应收票据审计不偏离审计目标并有条不紊地进行，从而提高审计工作质量。应收票据具体审计程序如下：

①应收票据业务处理流程审计；

②应收票据业务控制审计；

③应收票据会计信息审计。

（3）业务处理流程审计。

重视对应收票据业务处理流程审计，最大限度地降低审计风险。应收票据业务处理流程是：接受顾客订单并签订合同→批准赊销信用→发出货物→开具发票→接受应收票据五个基本环节。因此，应收票据业务处理流程审计具体包括：

①审计被审单位是否在接受顾客订单时签订合同。即审计被审单位销售部门接受客户订单时，是否签订书面合同，且对销售合同，必须按销售权限规定，由各级负责人进行审核同意后，才能加盖合同专用章；审计销售审核单是否由销售部门负责人审核签字。

②审计被审单位是否进行批准赊销信用。即审计被审单位赊销批准是否由信用管理部门根据企业的赊销政策以及对每个顾客已授权的信用额度来进行赊销的；信用管理部门是否在收到销售单后，将销售单与该顾客已被授权的赊销信用额度以及至今尚欠的账款余额加以比较来确定是否给予客户赊销。

③审计被审单位是否发出货物。即审计被审单位仓库保管部门是否在收到经销售部门负责人审核签字的销售单供货后发出货物。

④审计被审单位是否开具发票。即审计被审单位财务部门是否由专人

开销售发票；开票时是否审核销售产品的数量、价格、付款方与合同或销售审核单一致；发票是否由销售员签字，以确定该项销售业务的责任人。

⑤审计被审单位是否接受应收票据。即审计被审单位是否确保与办理此事有关的部门和职员各司其职，严格按有关程序办理应收票据。

（4）业务控制审计。

及时对应收票据业务控制审计，为实现应收票据审计目标打下坚实的基础。应收票据业务控制审计具体包括：

①对应收票据职责分离控制的审计。销售业务部门、仓库保管部门和财务部门的销售审批者、销货员、仓库保管员和会计应相互分离，以确保单位资产的安全。

②对应收票据授权审批控制的审计。

A.在销货发生之前，赊销业务应按制度经有关人员审批，主要是销售合同的审批。

B.非正当审批的不得发出货物。

C.销售业务发生时，销售价格、销售方式、运费、折扣等必须经过审批。

③对应收票据信用调查与授信审核控制的审计。应设立信用管理部门，负责在规定标准和权限内的授信审核工作；对新客户，应负责收集其信用资料，填写授信审核表，然后按规定进行初次授信审核；对老客户，应每半年进行一次信用调查，由销售部门负责提供客户的最新信息资料，财务部门负责提供客户付款信用情况，确定是否变更给予客户的信用条件。

④对应收票据充分的凭证和记录控制的审计。凭证与记录需连续编号，所有编号凭证与记录是否按规定处理，这是保证完整性的重要控制措施，可以有效地防止经济业务的遗漏和重复。如企业在收到顾客定货单后就立即编制一份多联的销售单，分别用于批准赊销、审批发货、记

录发货数量以及向顾客开具账单等。

⑤对应收票据制度控制的审计。为了对应收票据实施及时有效的管理，保证单位资金的良性循环，单位对发生的应收票据应设立应收票据预警信息反馈系统，并定期对应收票据和实收的账款核对，由单位领导与被授权人对"呆票""死票"进行审查和分析，以便及早收回应收票据承兑款。

（5）审计切入点。

慎重地选择应收票据审计的切入点，确保应收票据审计目标的实现。应收票据是企业因销售产品而收到的商业汇票，包括商业承兑汇票和银行承兑汇票，它实际上是一种近期付款的书面证明。由于它具有一定的流动性，发生舞弊的可能性随之增加，因而，也是必须审计的对象。应收票据的审计切入点具体包括：

①应收票据数据的正确性审计：A.将"应收票据明细表"的有关金额复核加计，并与其报表数、总账数和明细账合计数进行核对，看其是否相符；B.审计应收票据的利息收入是否正确，逾期应收票据是否已按规定停止计提利息；C.对于已贴现的应收票据，应审计其贴现额与利息额的计算是否正确。

②应收票据内容的真实性审计：A.监盘库存应收票据，审计票据的种类、号数、签收的日期、到期日、票面金额、合同交易号、付款人、承兑人、背书人姓名或单位名称，以及利率、贴现率、收款日期、收回金额等是否与应收票据登记簿的记录相符，是否存在已作质押的票据和银行退回的票据；B.抽取部分应收票据向出票人函证，审计其存在的真实性。

③应收票据业务的合法性审计：A.审计应收票据使用的合法性；B.审计应收票据抵押的合法性；C.审计应收票据贴现的合法性。

④应收票据主要账务处理的合规性审计：A.企业因销售商品、提供劳务等而收到开出、承兑的商业汇票，是否按商业汇票的票面金额，借

记本科目，按确认的营业收入，贷记"主营业务收入"等科目。涉及增值税销项税额的，是否进行相应的处理；B.持有未到期的商业汇票向银行贴现，是否按实际收到的金额（即减去贴现息后的净额），借记"银行存款"等科目，按贴现息部分，借记"财务费用"等科目，按商业汇票的票面金额，贷记本科目或"短期借款"科目；C.将持有的商业汇票背书转让以取得所需物资，是否按应计入取得物资成本的金额，借记"材料采购"或"原材料""库存商品"等科目，按商业汇票的票面金额，贷记本科目，如有差额，是否借记或贷记"银行存款"等科目。涉及增值税进项税额的，是否进行相应的处理；D.商业汇票到期，是否按实际收到的金额，借记"银行存款"科目，按商业汇票的票面金额，贷记本科目。

⑤应收票据会计报表列示的恰当性审计：A.审计应收票据项目的数额是否与审定数相符，是否剔除了已贴现票据；B.如果被审计单位是一般企业，其已贴现的商业承兑汇票应在报表下端补充资料内的"已贴现的商业承兑汇票"项目中加以反映；C.如果被审计单位是上市公司，其会计报表附注通常应披露贴现或用作抵押的应收票据的情况和原因说明以及持有其5%以上（含5%）股份的股东单位欠款情况。

总之，应收票据的审计，是审计中不可忽视的环节，它既是流动资产的重要组成部分，也是资产负债表的主要项目。因此认真、科学、有效地进行审计具有重要意义。

2.3 应交税费

2.3.1 科目特点

应交税费是根据税法规定应上缴的各种税款，是应付账款的一种。主要包括应该交纳的增值税、消费税、所得税、教育税附加、地方教育税附加、城市维护建设税、资源税等。为了反映各种税金的应交和实际交纳情况，应设置"应交税费"账户进行核算。企业月终计算出当月应交纳的税款，贷（增）记该账户，实际交纳时，借（减）记该账户，月末，余额在贷方，表示应交未交的各种税款，如为借方余额，则是多交的税金。"应交税费"账户还应按税金种类设置明细账，进行明细分类核算。应交税费反映企业与税务机关发生清算或结算的关系。

企业在一定时期内取得营业收入并实现利润，要按照权责发生制的原则将按规定应向国家缴纳各种税金进行预提处理，这些应交的税金在尚未缴纳之前暂时停留在企业，形成一项负债。资产负债表中的"应交税费"项目反映了企业尚未缴纳的税金（若为借方余额，则为企业多缴或尚未抵扣的税金）。（若余额在贷方，则说明企业的销项税额大于它的进项税额）。需要指出的是，企业缴纳的印花税、耕地占用税以及其他不需要预计应交数的税金不在此项目中进行反映。

主营业务税金与应交税费的区别：主营业务税金是费用科目，是利润的抵减科目，是销售主营产品时所发生的。而应交税费是负债类科目，是应交而尚未交的税额，它不一定是在销售主营业务环节时发生，除教育费附加、印花税、耕地占用税外应缴的税款都通过此科目下列税金，不需通过"应交税费"科目核算的是印花税。

应交税费的二级科目如下：

1. 计入税金及附加

借：税金及附加

　　贷：应交税费——应交消费税

　　　　应交税费——应交资源税

　　　　应交税费——应交环境保护税

　　　　应交税费——应交城市维护建设税

应交税费——应交土地增值税

应交税费——应交房产税

应交税费——应交城镇土地使用税

应交税费——应交车船税

应交税费——应交出口关税

应交税费——应交教育费附加

应交税费——应交地方教育附加

应交税费——文化事业建设费

以上为与收入有关的应交税费明细科目。

2. 计入管理费用

借：管理费用

　　贷：应交税费——应交矿产资源补偿费

　　　　应交税费——应交保险保障基金

　　　　应交税费——应交残疾人保障金

3. 计入其他科目

（1）企业所得税。

借：所得税费用/以前年度损益调整

　　递延所得税资产

　　贷：应交税费——应交企业所得税

　　　　递延所得税负债

或相反分录：

（2）个人所得税。

借：应付职工薪酬/应付股利/其他应收款

　　贷：应交税费——应交个人所得税

（3）烟叶税。

借：材料采购/在途物资/原材料
　　　贷：应交税费——应交烟叶税

（4）进口关税。

借：材料采购/在途物资/原材料/库存商品/在建工程/固定资产
　　应交税费——应交进口关税

以上税金缴纳时，均借记"应交税费——企业所得税"等二级科目，贷记："银行存款"科目。

4. 增值税有关的二级科目

（1）应交税费——应交增值税。

增值税一般纳税人应在"应交增值税"明细账内设置"进项税额""销项税额抵减""已交税金""转出未交增值税""减免税款""出口抵减内销产品应纳税额""销项税额""出口退税""进项税额转出""转出多交增值税"等专栏。

（2）应交税费——未交增值税。

"未交增值税"明细科目，核算一般纳税人月度终了从"应交增值税"或"预交增值税"明细科目转入当月应交未交、多交或预缴的增值税额，以及当月纳以前期间未交的增值税额。

①月份终了，将当月发生的应缴增值税额自"应交税费——应交增值税"科目转入"未交增值税"科目。

借：应交税费——应交增值税（转出未交增值税）
　　　贷：应交税费——未交增值税

②月份终了，将当月多缴的增值税额自"应交税费——应交增值税"科目转入"未交增值税"科目。

借：应交税费——未交增值税
　　　贷：应交税费——应交增值税（转出多交增值税）

③当月缴纳上月应缴未缴的增值税。

借：应交税费——未交增值税

　　贷：银行存款

（3）应交税费——增值税检查调整。

①凡检查后应调减账面进项税额或调增销项税额和进项税额转出的数额，借记有关科目，贷记本科目；

②凡检查后应调增账面进项税额或调减销项税额和进项税额转出的数额，借记本科目，贷记有关科目；

③全部调账事项入账后，若本科目余额在借方；

借：应交税费——应交增值税（进项税额）

　　贷：应交税费——增值税检查调整

④全部调账事项入账后，若本科目余额在贷方。

A. 借记本科目，贷记"应交税费——未交增值税"科目。

B. 若"应交税费——应交增值税"账户有借方余额且等于或大于这个贷方余额，按贷方余额数，借记本科目，贷记"应交税费——应交增值税"科目。

C. 若本账户余额在贷方，"应交税费——应交增值税"账户有借方余额但小于这个贷方余额，应将这两个账户的余额冲出，其差额贷记"应交税费——未交增值税"科目。

（4）应交税费——增值税留抵税额。

因《国家税务总局关于调整增值税一般纳税人留抵税额申报口径的公告》（国家税务总局公告2016年第75号）已经将营改增前增值税留抵税额挂账的规定取消，因此该会计科目也应随之失效。

（5）应交税费——预交增值税。

"预交增值税"明细科目，核算一般纳税人转让不动产、提供不动产经营租赁服务、提供建筑服务、采用预收款方式销售自行开发的房地产项目等，以及其他按现行增值税制度规定应预缴的增值税额。

新纳入试点纳税人转让不动产、不动产经营租赁、建筑服务、销售自行开发房地产（以下简称四大行业）预缴增值税，同时需要预缴城建税等附加税费时：

借：应交税费——预交增值税

　　　　——应交城建税

　　　　——应交教育费附加

　　　　——应交地方教育费附加

贷：银行存款等

（6）应交税费——待抵扣进项税额。

"待抵扣进项税额"明细科目，核算一般纳税人已取得增值税扣税凭证并经税务机关认证，按照现行增值税制度规定准予以后期间从销项税额中抵扣的进项税额。包括：一般纳税人自2016年5月1日后取得并按固定资产核算的不动产或者2016年5月1日后取得的不动产在建工程，按现行增值税制度规定准予以后期间从销项税额中抵扣的进项税额；实行纳税辅导期管理的一般纳税人取得的尚未交叉稽核比对的增值税扣税凭证上注明或计算的进项税额。

①一般纳税人自2016年5月1日后取得并按固定资产核算的不动产或者2016年5月1日后取得的不动产在建工程，按现行增值税制度规定准予以后期间从销项税额中抵扣的进项税额（自2019年4月1日后购入的不动产，纳税人可在购进当期一次性予以抵扣；4月1日以前购入的不动产，还没有抵扣40%的部分，从2019年4月所属期开始，允许全部从销项税额中抵扣）；

②实行纳税辅导期管理的一般纳税人取得的尚未交叉稽核比对的增值税扣税凭证上注明或计算的进项税额；

③转登记纳税人在转登记日当期尚未申报抵扣的进项税额，以及转登记日当期的期末留抵税额；

（7）应交税费——待认证进项税额。

"待认证进项税额"明细科目，核算一般纳税人由于未经税务机关认证而不得从当期销项税额中抵扣的进项税额。包括：一般纳税人已取得增值税扣税凭证、按照现行增值税制度规定准予从销项税额中抵扣，但尚未经税务机关认证的进项税额；一般纳税人已申请稽核但尚未取得稽核相符结果的海关缴款书进项税额。

①取得专用发票时：

借：相关成本费用或资产
　　应交税费——待认证进项税额
　　贷：银行存款/应付账款等

②认证时：

借：应交税费——应交增值税（进项税额）
　　贷：应交税费——待认证进项税额

③领用时：

借：相关成本费用或资产
　　贷：应交税费——应交增值税（进项税额转出）

（8）应交税费——待转销项税额。

"应交税费——待转销项税额"核算一般纳税人销售货物、加工修理修配劳务、服务、无形资产或不动产，已确认相关收入（或利得）但尚未发生增值税纳税义务而需于以后期间确认为销项税额的增值税额。

假设某企业提供建筑服务办理工程价款结算的时点早于增值税纳税义务发生的时点的：

借：应收账款等
　　贷：合同结算——价款结算
　　　　应交税费——待转销项税额

收到工程进度款，增值税纳税义务发生时：

借：应交税费——待转销项税额

贷：应交税费——应交增值税（销项税额）

（9）应交税费——简易计税。

"简易计税"明细科目，核算一般纳税人采用简易计税方法发生的增值税计提、扣减、预缴、缴纳等业务。

①差额征税时：

借：银行存款

  贷：主营业务收入

    应交税费——简易计税

借：应交税费——简易计税

    主营业务成本

  贷：银行存款

②处置固定资产时

借：银行存款

  贷：固定资产清理

    应交税费——简易计税

借：应交税费——简易计税

  贷：银行存款

借：应交税费——简易计税

  贷：营业外收入/其他收益

注：差额征税的账务处理

①企业发生相关成本费用允许扣减销售额的账务处理。按现行增值税制度规定企业发生相关成本费用允许扣减销售额的，发生成本费用时，按应付或实际支付的金额，借记"主营业务成本""存货""工程施工"等科目，贷记"应付账款""应付票据""银行存款"等科目。待取得合规增值税扣税凭证且纳税义务发生时，按照允许抵扣的税额，借记"应交税费——应交增值税（销项税额抵减）"或"应交税费——简易计税"科目（小规模纳税人应借记"应交税费——应交增值税"科目），

贷记"主营业务成本""存货""工程施工"等科目。

②金融商品转让按规定以盈亏相抵后的余额作为销售额的账务处理。金融商品实际转让月末，如产生转让收益，则按应纳税额借记"投资收益"等科目，贷记"应交税费——转让金融商品应交增值税"科目；如产生转让损失，则按可结转下月抵扣税额，借记"应交税费——转让金融商品应交增值税"科目，贷记"投资收益"等科目。交纳增值税时，应借记"应交税费——转让金融商品应交增值税"科目，贷记"银行存款"科目。年末，本科目如有借方余额，则借记"投资收益"等科目，贷记"应交税费——转让金融商品应交增值税"科目。

③"四大行业"选择简易计税预缴税款时：

借：应交税费——简易计税

　　贷：银行存款

（10）应交税费——转让金融商品应交增值税（小规模纳税人也适用）。

"转让金融商品应交增值税"明细科目，核算增值税纳税人转让金融商品发生的增值税额。

金融商品转让，按照卖出价扣除买入价后的余额为销售额。转让金融商品出现的正负差，按盈亏相抵后的余额为销售额。若相抵后出现负差，可结转下一纳税期与下期转让金融商品销售额相抵，但年末时仍出现负差的，不得转入下一个会计年度。

①产生转让收益时：

借：投资收益

　　贷：应交税费——转让金融商品应交增值税

②产生转让损失时：

借：应交税费——转让金融商品应交增值税

　　贷：投资收益

③交纳增值税时：

借：应交税费——转让金融商品应交增值税

　　贷：银行存款

④年末，本科目如有借方余额：

借：投资收益

　　贷：应交税费——转让金融商品应交增值税

（11）应交税费——代扣代交增值税（小规模纳税人也适用）。

"代扣代交增值税"明细科目，核算纳税人购进在境内未设经营机构的境外单位或个人在境内的应税行为代扣代缴的增值税。

借：相关成本费用或资产

　　应交税费——进项税额（小规模纳税人无）

　　贷：应付账款

　　　　应交税费——代扣代交增值税

实际缴纳代扣代缴增值税时：

借：应交税费——代扣代交增值税

　　贷：银行存款

不通过应交税费核算的税金：

①印花税。

借：税金及附加

　　贷：银行存款

②耕地占用税。

借：在建工程／无形资产

　　贷：银行存款

③车辆购置税的核算。

借：固定资产

　　贷：银行存款

④契税的核算。

借：固定资产／无形资产

　　　　贷：银行存款

以上不需要预计缴纳的税金不在应交税费核算。

（12）应交税费——应交增值税

①借方专栏。

A. 进项税额。

"进项税额"记录一般纳税人购进货物、加工修理修配劳务、服务、无形资产或不动产而支付或负担的、准予从当期销项税额中抵扣的增值税额；

　　注：退回所购货物应冲销的进项税额，用红字登记。如：

　　借：银行存款　应交税费——应交增值税（进项税额）红字金额
　　　　贷：原材料

B. 已交税金。

"已交税金"记录一般纳税人当月已交纳的应交增值税额。

交纳当月应交的增值税：

　　借：应交税费——应交增值税（已交税金）
　　　　贷：银行存款

当月上交上月应交未交的增值税时：

　　借：应交税费——未交增值税
　　　　贷：银行存款

C. 减免税款。

"减免税款"核算企业按规定直接减免的增值税额。

　　借：应交税费——应交增值税（减免税款）
　　　　贷：营业外收入

企业初次购买增值税税控系统专用设备支付的费用以及缴纳的技术维护费允许在增值税应纳税额中全额抵减的，按规定抵减的增值税应纳税额，借记"应交税费——应交增值税（减免税款）"科目，贷记"管理费用"等科目。

【案例2-2】增值税专用发票的入账

FY物业公司购买税控盘200元，技术维护费280元，取得增值税专用发票.

借：管理费用　　　　　　　　　　　　　　　　　　　480
　　贷：银行存款　　　　　　　　　　　　　　　　　480
借：应交税费——应交增值税（减免税款）　　　　　 480
　　贷：管理费用　　　　　　　　　　　　　　　　　480

D. 出口抵减内销产品应纳税额。

"出口抵减内销产品应纳税额"记录一般纳税人按现行增值税制度规定准予减免的增值税额；

借：应交税费——应交增值税（出口抵减内销产品应纳税额）
　　贷：应交税费——应交增值税（出口退税）

E. 销项税额抵减。

"销项税额抵减"记录一般纳税人按照现行增值税制度规定因扣减销售额而减少的销项税额；

借：主营业务成本
　　应交税费——应交增值税（销项税额抵减）
　　贷：银行存款（或应付账款）

【案例2-3】销项税额抵减的实例

ZK房地产企业系一般纳税人，2020年6月销售开发产品售价1 090万元，假设土地成本654万元，开具增值税专用发票注明销项税额90万元。

销售方差额纳税=（1 090-654）÷（1+9%）×9%=36（万元），购买方全额抵扣进项税额90万元。

会计分录：

销售开发产品时：

借：银行存款　　　　　　　　　　　　　　　　　　1 090
　　贷：主营业务收入　　　　　　　　　　　　　　1 000

应交税费——应交增值税（销项税额）　　　　　　　　90

购入土地时：

借：开发成本——土地　　　　　　　　　　　　　　654

　　贷：银行存款　　　　　　　　　　　　　　　　　654

差额扣税时：

借：应交税费——应交增值税（销项税额抵减）　　　 54

　　贷：主营业务成本　　　　　　　　　　　　　　　 54

F. 转出未交增值税。

"转出未交增值税"记录一般纳税人月度终了转出当月应交未交或多交的增值税额；月末"应交税费——应交增值税"明细账出现贷方余额时，根据余额借记"应交税费——转出未交增值税"，贷记"应交税费——未交增值税"科目。

②贷方专栏。

A. 销项税额。

"销项税额"专栏，记录一般纳税人销售货物、加工修理修配劳务、服务、无形资产或不动产应收取的增值税额；

退回销售货物应冲减的销项税额，只能在贷方用红字登记销项税额科目。

B. 出口退税。

"出口退税"专栏，记录一般纳税人出口货物、加工修理修配劳务、服务、无形资产按规定退回的增值税额；"出口抵减内销产品应纳税额"专栏，记录一般纳税人按现行增值税制度规定准予减免的增值税额；

生产企业

当期免抵退税不得免征和抵扣税额：

借：主营业务成本

　　贷：应交税费——应交增值税（进项税额转出）

出口抵减内销：

借：应交税费——应交增值税（出口抵减内销产品应纳税额）

　　贷：应交税费——应交增值税（出口退税）

按规定计算的当期应退税额：

借：应收出口退税款（增值税）

　　贷：应交税费——应交增值税（出口退税）

借：银行存款

　　贷：应收出口退税款（增值税）

外贸企业

计算出口退税额：

借：应收出口退税款

　　贷：应交税费——应交增值税（出口退税）

收到出口退税时：

借：银行存款

　　贷：应收出口退税款

退税额低于购进时取得的增值税专用发票上的增值税额的差额：

借：主营业务成本

　　贷：应交税费——应交增值税（进项税额转出）

C. 进项税额转出。

"进项税额转出"专栏，记录一般纳税人购进货物、加工修理修配劳务、服务、无形资产或不动产等发生非正常损失以及其他原因而不应从销项税额中抵扣、按规定转出的进项税额。

D. 转出多交增值税。

"转出多交增值税"专栏，记录一般纳税人月度终了转出当月应交未交或多交的增值税额；

由于多预缴税款形成的"应交税费——应交增值税"的借方余额才需要做这笔分录，

借：应交税费——未交增值税

　　贷：应交税费——应交增值税（转出多交增值税）

对于因应交税费——应交增值税（进项税额）大于应交税费——应交增值税（销项税额）而形成的借方余额，月末不进行账务处理。

注：小规模纳税人的应纳增值税额，也通过"应交税费——应交增值税"明细科目核算，但不设置若干专栏。小规模纳税人应交税费下共设"应交税费——应交增值税""应交税费——转让金融商品应交增值税""应交税费——代扣代交增值税"三个明细科目。

2.3.2　应交税费舞弊常见表现与识别

（1）企业计算应交税金时税率选择错误，套用低级税率达到少交税目的。

查账方法：检查企业与纳税相关的各种资料，根据企业的经济业务特点确定适用的税率。

（2）企业为减轻税负，通过欺诈虚拟的手段抵扣税费。

查账方法：验证与企业纳税相关资料的真实性和可靠性，确定企业是否享受税收抵扣、减免。

应交税费的审计程序如下：

（1）获取或编制应交税费明细表：

①复核加计是否正确，并与报表数、总账数和明细账合计数核对是否相符；

②注意印花税、耕地占用税以及其他不需要预计应缴数的税金有无误入应交税费项目；

③分析存在借方余额的项目，查明原因，判断是否由被审计单位预缴税款引起。

（2）首次接受委托时，取得被审计单位的纳税鉴定、纳税通知、减免税批准文件等，了解被审计单位适用的税种、附加税费、计税（费）基础、税（费）率，以及征、免、减税（费）的范围与期限。如果被审计单位适用特定的税基式优惠或税额式优惠、或减低适用税率的，且该项税收优惠需办理规定的审批或备案手续的，应检查相关的手续是否完整、有效。连续接受委托时，关注其变化情况。

检查被审计单位获得税费减免或返还时的依据是否充分、合法和有效，会计处理是否正确。

（3）核对期初未交税金与税务机关受理的纳税申报资料是否一致，检查缓期纳税及延期纳税事项是否经过有权税务机关批准。

（4）取得税务部门汇算清缴或其他确认文件、有关政府部门的专项检查报告、税务代理机构专业报告、被审计单位纳税申报资料等，分析其有效性，并与上述明细表及账面数据进行核对。对于超过法定交纳期限的税费，应取得主管税务机关的批准文件。

（5）检查应交增值税：

①获取或编制应交增值税明细表，加计复核其正确性，并与明细账核对相符；

②将应交增值税明细表与被审计单位增值税纳税申报表进行核对，比较两者是否总体相符，并分析其差额的原因；

③抽查一定期间的进项税抵扣汇总表，与应交增值税明细表相关数额合计数核对，如有差异，查明原因并作适当处理；

④根据与增值税销项税额相关账户审定的有关数据，复核存货销售，或将存货用于投资、无偿馈赠他人、分配给股东（或投资者）应计的销项税额，以及将自产、委托加工的产品用于非应税项目的计税依据确定是否正确以及应计的销项税额是否正确计算，是否按规定进行会计处理；

⑤检查适用税率是否符合税法规定；

⑥取得《出口货物退（免）税申报表》及办理出口退税有关凭证，复

核出口货物退税的计算是否正确，是否按规定进行了会计处理。

（6）检查应交营业税的计算是否正确。结合营业税金及附加等项目的审计，根据审定的当期营业额，检查营业税的计税依据是否正确，适用税率是否符合税法规定，是否按规定进行了会计处理，并分项复核本期应交数；抽查本期已交营业税资料，确定已交数的正确性。

（7）检查应交城市维护建设税的计算是否正确。结合营业税金及附加等项目的审计，根据审定的计税基础和按规定适用的税率，复核被审计单位本期应交城市维护建设税的计算是否正确，是否按规定进行了会计处理；抽查本期已交城市维护建设税资料，确定已交数的正确性。

（8）获取或编制应交所得税测算表，结合所得税项目，确定应纳税所得额及企业所得税税率，复核应交企业所得税的计算是否正确，是否按规定进行了会计处理；抽查本期已交所得税资料，确定已交数的正确性。汇总纳税企业所得税汇算清缴，并按税法规定追加相应的程序。

（9）确定应交税费是否已按照企业会计准则的规定在财务报表中作出恰当列报。

（10）根据评估的舞弊风险等因素增加的审计程序。

2.4 长期借款

2.4.1 科目特点

长期借款是项目投资中的主要资金来源之一。长期借款一般来自本国的银行和国际开发机构。长期借款的偿还除了可以新债调换旧债外，一般的定期偿还可以使用偿债基金和分批偿还的两种普遍办法。决策者举借长期借款时，要充分考虑投资项目的预期现金流转状况和未来利率的变化，以便获得较低的筹资成本。

为了反映企业的各种长期借款,应设置"长期借款"账户,用来核算各种长期借款的借入、应计利息、归还和结欠情况。该账户属于负债类,其贷方登记借入的款项及预计的应付利息;借方登记还本付息的数额;期末余额在贷方,表示尚未偿还的长期借款本息数额。

企业借入长期借款一般有两种方式:一是将借款存入银行,由银行监督随时提取;二是由银行核定一个借款限额,在限额内随用随借,在这种方式下,企业在限额内借入的款项按其用途直接记入"在建工程""固定资产"等账户。企业长期借款的偿还也有不同的方式:可以是分期付息到期还本;也可以是到期一次还本付息;还可以是分期还本付息。

按照付息方式与本金的偿还方式可将长期借款分为分期付息到期还本长期借款、到期一次还本付息长期借款和分期偿还本息长期借款。

银行等金融机构为降低贷款风险,对借款企业提出了必要条件。这些条件包括:借款企业应具有法人资格;借款企业在宏观上其经营方向和业务范围应符合国家政策,在微观上,借款用途应属于银行贷款办法规定的范围,并提供有关借款项目的可行性报告;借款企业具有一定的物资和财产保证,如果由第三方担保,则担保单位应具有相应的经济实力;借款企业每个经营周期都应有足够的净现金流入量的支付当期本息;借款企业应在有关金融部门开立账户、办理结算。

企业申请借款程序:企业提出借款申请,并附资金使用的可行性报告;银行或其他金融机构审批;签订借款合同;发放贷款、监督贷款的使用;按期归还贷款本息。

长期借款的利息率通常高于短期借款,但信誉好或抵押品流动性强的借款企业,仍然可以争取到较低的长期借款利率。长期借款利率有固定利率和浮动利率两种。浮动利率通常有最高、最低限,并在借款合同中明确。对于借款企业来讲,若预测市场利率将上升,应与银行签订固定利率合同;反之,则应签订浮动利率合同。

除了利息之外,银行还会向借款企业收取其他费用,如实行周转信贷协定所收取的承诺费、要求借款企业在本银行中保持补偿余额所形成的间接费用。这些费用会增大长期借款的成本。

（1）企业借入长期借款可以弥补企业流动资金的不足，在某种程度上，还起着施工企业正常施工生产经营所需垫底资金的作用。

（2）企业为了扩大施工生产经营、搞多种经营，需要添置各种机械设备，建造厂房，这些都需要企业投入大量的长期占用的资金，而企业所拥有的经营资金，往往是无法满足这种需要的，如等待用企业内部形成的积累资金再去购建，则可能丧失企业发展的有利时机。

（3）举借长期借款，可以为投资人带来获利的机会。企业需要的长期资金来自两个方面：一是增加投资人投入的资金；二是举借长期价款。从投资人角度来看，举借长期借款往往更为有利。一方面有利于投资人保持原有控制企业的权力，不会因为企业筹集长期资金而影响投资者本身的利益；另一方面还可以为投资人带来获利的机会。因为长期借款利息，可以计入财务费用在税前利润列支，在企业盈利的情况下，就可少交一部分所得税，为投资人增加利润。

长期借款的账务处理主要包括以下几个方面：

1. 取得长期借款

企业借入长期借款，应按实际收到的金额，借记"银行存款"科目，贷记"长期借款——本金"科目，如存在差额，还应借记"长期借款——利息调整"科目。

2. 发生长期借款利息

长期借款利息费用应当在资产负债表日按照实际利率法计算确定，实际利率与合同利率差异较小的，也可以采用合同利率计算确定利息费用。长期借款计算确定的利息费用，应当按以下原则计入有关成本、费用：

（1）属于筹建期间的，计入管理费用；

（2）属于生产经营期间的，计入财务费用；

（3）如果长期借款用于购建固定资产，在固定资产尚未达到预定可使用状态前，所发生的应当资本化的利息支出数，计入在建工程；

（4）固定资产达到预定可使用状态后发生的利息支出，以及按规定不予资本化的利息支出，计入财务费用。

3. 归还长期借款

企业归还长期借款的本金时，应按归还的金额，借记"长期借款——本金"科目，贷记"银行存款"科目；按归还的利息，借记"应付利息"或"长期借款——应计利息"科目，贷记"银行存款"科目。

企业通过长期借款这个科目来核算长期借款的借入、归还等情况，企业借入长期借款，应按实际收到的金额，借记"银行存款"科目，贷记"长期借款——本金"科目；如存在差额，还应借记"长期借款——利息调整"科目。

2.4.2 长期借款舞弊常见表现与识别

1. 长期借款无计划或计划编制不合理

（1）常见表现。

企业无借款计划，随意举借信贷资金，或者借款计划编制依据不科学，内容不完整，计划不合理。

（2）识别。

检查借款合同和授权批准，了解借款数额、借款条件、借款日期、还款期限、借款利率，并与相关会计记录相核对。

2. 长期借款的使用不合规

（1）常见表现。

企业故意违反合同规定，改变借款用途，如将借款转贷以获取利息收入、将借款用于股票投资以获取收益等。

（2）识别。

审计人员应核对工程项目价值的增加额与长期借款增加额，并核对近期的重大支出项目，发现挪用借款现象。

3. 长期借款利息的计提不正确

（1）常见表现。

企业未按会计期间计提借款利息，或者虽然每期计提了长期借款利息但利息计算不准确，或者将计提的利息列入预提费用。

（2）识别。

审计人员应计算长期借款在各月份的平均余额，结合利率计算利息支出，并把"账务费用""在建工程"账户的相关记录进行核对，判断企业是否高估或低估利息支出。

4. 长期借款的归还不及时

（1）常见表现。

企业为了占用贷款人的资金，故意拖欠长期借款，不按时归还长期借款。

（2）识别。

检查年末有无到期未偿还的借款，逾期借款是否办理了延期手续，分析计算逾期借款的金额、比例和期限，判断企业的资信状况和偿债能力。

长期借款审计过程中，存在以下四大关键关注点：

关注点1：借款与资产类科目双高

最受市场关注的就是存贷双高（存款和贷款双高），这是财务舞弊的高发地。

还有一个存贷双高是指存货与贷款双高，这也要引起投资者的关注。因为存货价值长期保持在高位一般说明公司产品滞销，存货积压了大量的资金，此时关注业绩变化，警惕业绩下滑对偿债能力的影响；另外关注在建工程，如果企业长期借款用于扩产，这显然与存货积压的逻辑相违背。

此外，要关注固贷双高，也就是固定资产和贷款双高，最坏的结果就是企业通过固定资产将资金挪用走，此时要结合公司产能情况综合分析，看固定资产与产能的匹配度，与同行作对比。

关注点2：长期借款费用资本化问题

资本化会形成公司资产，不减少公司本期利润，但如果形成了无效固定资产，会给公司未来带来很大的折旧压力；如果费用化的话就会减少本期利润，进而减少公司的总资产。

另外由于资产达到预定可使用状态是可以进行调节的，也就会影响当期利润，所以有操控利润的可能。

关注点3：在建工程转固时间节点

在关注点1中，已经提到过在建工程科目。一般来说，公司的长期借款会用来建设资产，所以就和在建工程息息相关。此处有一个点要特别关注，那就是在建工程转固的时间点。

当在建工程转固之后，就需要计提折旧，企业管理费用就会增长；另外投产后财务费用不能资本化只能费用化，所以如果公司长期借款数额巨大，叠加折旧影响，公司业绩短期内会承压。

关注点4：高杠杆导致的高ROE

ROE对于投资的重要性无可厚非，但别忘了高杠杆也会导致高ROE。此处就要特别关注公司的现金流，否则如果资金流通的某一环节出了问题，导致现金流不顺畅，就会造成致命的影响，这就是高杠杆行业的风险。

当然，这里指的是长期负债等有息负债导致的 ROE 虚高，而不是应付账款、预收账款等无息负债；所以 ROE 不是陷阱；另外地产行业、银行业的高杠杆也是特殊的，需要区别对待。

2.5 长期应付款

2.5.1 科目特点

长期应付款是在较长时间内应付的款项，而会计业务中的长期应付款是指除了长期借款和应付债券以外的其他多种长期应付款。主要有应付补偿贸易引进设备款和应付融资租入固定资产租赁费等。

长期应付款指对其他单位发生的付款期限在 1 年以上的长期负债，而会计业务中的长期应付款是指除了长期借款和应付债券以外的其他多种长期应付款。主要有应付补偿贸易引进设备款、采用分期付款方式购入固定资产和无形资产发生的应付账款、应付融资租入固定资产租赁费等。

长期应付款主要核算以下几个方面的内容：

1. 补偿贸易

补偿贸易引进设备应付款。

补偿贸易是从国外引进设备，再用该设备生产的产品归还设备价款。国家为了促进企业开展补偿贸易，规定开展补偿贸易的企业，补偿期内免交引进设备所生产的产品的流转税。实际上补偿贸易是以生产的产品归还设备价款，因此，一般情况下，设备的引进和偿还设备价款是没有现金的流入和流出。在会计核算时，一方面引进设备的资产价值以及相应的负债,作为本企业的一项资产和一项负债,在资产负债表中,分别包括在"固定资产"和"长期应付款"项目中;另一方面;用产品归还设备价款时,视同产品销售。

2. 融资租入

融资租入固定资产应付款。

融资租入的固定资产,租赁在有效期内,虽然资产的所有权尚未归租入方所有,但租赁资产上的所有权风险以及相应的融资作为一项资产和负债,纳入资产负债表。融资租入的固定资产应该视同租入方固定资产管理,在"固定资产"科目下单独设置"融资租入固定资产"明细科目,同时,融资租入的固定资产的融资租入费,形成了一笔长期负债,这笔负债在"长期应付款"科目下设置"融资租入固定资产应付款"明细科目进行核算。融资租入固定资产应付款的核算方法,有总价法和净价法两种。

在总价法下,"融资租入固定资产应付款"应以未来支付的租赁款总额(即租赁的最低付款总额)入账,同时要对"未付利息费用"(即租赁资产的最低付款总额与其起租日公允市价的差额)另设账户核算逐期登记其已付利息及结记未付利息费用,并在资产负债表中作为"融资租入固定资产应付款"的备抵项目列示。总价法的优点是能较清晰地反映承租企业的财务状况。

而在净价法下,"融资租入固定资产应付款"则以租赁的最低付款总额的现值(即租赁资产起租日的公允市价)入账。我国现行会计制度采用的是净价法,即按融资租入固定资产实际发行的应付款数额登记入账。

3. 延期付款

企业购入有关资产超过正常信用条件延期支付价款、实质上具有融资性质的，应按购买价款的现值，借记"固定资产""在建工程""无形资产""研发支出"等科目，按应支付的金额，贷记本科目，按其差额，借记"未确认融资费用"科目。

按期支付价款时，借记本科目，贷记"银行存款"科目。

2.5.2 长期应付款舞弊常见表现与识别

1. 企业虚构长期应付款业务合同，虚列账户。

查账方法：检查合同的真实性、合理性，查看与业务相关的原始凭证，是否存在企业以引进设备为由骗取外汇情况。必要时可向外单位发函求证。

2. 付款期满后，企业继续付款，转移收入。

查账方法：将"长期应付款"账户记录与合同规定进行核对，检查付款结束时期前后资金的流入流出情况。另外，检查企业的收入类账户在这一时期有无相符记录。

综上只是对债务方面一些主要可能出现的情况作了阐述，财务舞弊手段多种多样，为了防止企业舞弊情况的发生，从内部来看，必须建立有效的监督机制，完善企业内控；从外部看，受托的会计师事务所等进行审计工作时必须有良好的从业道德及较高的责任意识，国家也应适当加大惩处力度，减少财务舞弊危害的发生。

2.6 其他应付款

2.6.1 科目特点

其他应付款是指与企业的主营业务没有直接关系的应付、暂收其他单位或个人的款项，如应付租入固定资产和包装物的租金、存入保证金、应付统筹退休金、职工未按期领取的工资等。其他应付款指企业在商品交易业务以外发生的应付和暂收款项，即企业除应付票据、应付账款、应付工资、应付利润等以外的应付、暂收其他单位或个人的款项。

通常情况下，该科目核算企业应付、暂收其他单位或个人的款项，如应付租入固定资产和包装物的租金，存入保证金，应付、暂收所属单位、个人的款项，管辖区内业主和物业管户装修存入保证金；应付职工统筹退休金，以及应收暂付上级单位、所属单位的款项。而企业经常发生的应付供货单位的货款，则是在"应付账款"和"应付票据"科目中核算。

企业应设置"其他应付款"账户进行核算。该账户属于负债类账户，贷方登记发生的各种应付、暂收款项，借方登记偿还或转销的各种应付、暂收款项，月末，余额在贷方，表示企业应付、暂收的结存现金。本账户应按应付、暂收款项的类别设置明细账户。

企业发生各种应付、暂收或退回有关款项时，借记"银行存款""管理费用"等账户，贷记"其他应付款"账户；支付有关款项时，借记"其他应付款"账户，贷记"银行存款"等科目。

企业采用售后回购方式融入资金的，应按实际收到的金额，借记"银行存款"科目，贷记本科目。回购价格与原销售价格之间的差额，应在售后回购期间内按期计提利息费用，借记"财务费用"科目，贷记本科目。按照合同约定购回该项商品等时，应按实际支付的金额，借记本科目，贷记"银行存款"科目。

2.6.2 其他应付款舞弊常见表现与识别

其他应付款常见的错弊：

1.舞弊者利用职务之便，随意从企业借支资金，以达到挪用企业资金的目的。

2. 舞弊者利用职务之便，借用企业资金从事与企业经营业务无关的活动。

3. 存出保证金收回后，舞弊者不及时入账挪作他用或干脆贪污掉。

4. 利用其他应收款账户把一些成本费用不计入当期损益，而是作为其他应收款来挂账，以达到虚增企业利润的目的。

5. 舞弊者将收入记入其他应收款账户，故意隐瞒收入、虚减利润，以达到少交税或不交税的目的。

6. 舞弊者日常在对库存现金进行盘点时，将库存现金溢余款货短缺款不按会计制度处理，而是计入其他应收款账户，作为以后盘点现金时发现现金溢余或短缺的备抵款项。

7. 舞弊者违反现金管理暂行条例的规定，利用其他应收款为其他单位套取现金，对于银行对账单上那些等额存入又等额支出款项尤其需要注意。

8. 不按规定对其他应收账款进行清理和催收，造成企业资金长期被占用和挪用。

9. 对于那些已经有事实证明无法收回的其他应收款，不及时处理，仍长期挂账。

其他应付款的审计程序如下：

1. 取得或编制其他应付款明细表，复核其加计数是否准确，并与明细账、总账和报表有关项目进行核对。

2. 实施分析性复核。

3. 抽取其他应付款进行函证。

4. 对发出询证函未能收回的或回函结果与企业账面记录不符的，采用替代程序，审查下一年度明细账，或追踪至其他应付款发生时的经济业务凭证等。

5. 抽查明细账、记账凭证及原始凭证。

（1）检查入账依据是否符合现行制度规定。查明是否有将应付账款、应付票据、预收账款和短期借款等其他一些本不属于其他应付款范围的内容放在其他应付款中核算。

（2）检查相关经济业务是否真实、合法。查明企业有无将应属企业本期收益和费用的项目通过其他应付款科目来核算，或在其他应付款科目项下坐收坐支。

（3）检查长期挂账的其他应付款，查明原因，并做出记录。

（4）检查债权人不明确和数额异常的其他应付款项目。

（5）检查应付股东、高级管理人员、董事、联营企业和关联企业的款项。检查企业有无利用其他应付款截留收入、虚挂费用或隐瞒盈亏。

（6）检查出现借方余额的其他应付款项目，查明原因，必要时作重分类调整。

6. 询问管理人员并利用分析性复核结果，检查其他应付款的完整性。

7. 检查其他应付款是否已在资产负债表及其附注中恰当披露。

8. 完成其他应付款审定表。

2.7 应付账款

2.7.1 科目特点

应付账款是指企业因购买材料、商品或接受劳务供应等业务应支付给供应者的账款。应付账款是由于在购销活动中买卖双方取得物资与支付货款在时间上的不一致而产生的负债。企业的其他应付账款，如应付赔偿款、应付租金、存入保证金等，不属于应付账款的核算内容。

1. 应付账款核算使用的主要科目

为了总括地反映和监督企业应付账款的发生及偿还情况，应设置"应付账款"科目。该科目的贷方登记企业购买材料、物资及接受劳务供应的应付但尚未付的款项；借方登记偿还的应付账款、以商业汇票抵付的应付账款；期末贷方余额表示尚未支付的应付款项。该科目应按照供应单位设置明细账，以进行明细分类核算。

2. 应付账款主要的账务处理

公司购入材料、商品等验收入库，但货款尚未支付，根据有关凭证（发票账单、随货同行发票上记载的实际价款或暂估价值），借记"原材料""库存商品""应交税金——应交增值税（进项税额）"等科目，贷记"应付账款"科目。企业接受供应单位提供劳务而发生的应付但尚未支付的款项，应根据供应单位的发票账单，借记"制造费用""管理费用"等有关成本费用科目，贷记"应付账款"科目；企业偿付应付账款时，借记"应付账款"科目，贷记"银行存款"科目。企业开出、承兑商业汇票抵付购货款时，借记"应付账款"科目，贷记"应付票据"科目。企业的应付账款，因对方单位发生变故确实无法支付时，报经有关部门批准后，可视同企业经营业务以外的一项额外收入，借记"应付账款"科目，贷记"营业外收入"科目。

2.7.2 应付账款舞弊常见表现与识别

应付账款业务常见错弊情况如下：

1. 发生退货的情况下，舞弊者不及时冲减应付账款，而是挪作他用或干脆不冲减，而是将退回的货款占为己有。

2. 利用应付账款，贪污现金折扣，即在享有现金折扣的情况下，与对方单位相关人员共同舞弊，却按贷款总额支付，将折扣部分纳入个人。

3. 利用应付账款账户虚列成本费用，以达到调节利润的目的。

4. 在以产品或商品偿还债务的情况下,不通过主营业务收入账户核算,而是直接借记应付账款账户,贷记库存商品账户,以达到隐瞒收入、调节利润、少交税费等目的。

5. 内外勾结,故意多列应付账款的金额,再将多支付货款的部分纳入个人。

6. 应付账款某明细账长期挂账。一般来讲,应付账款的偿还期不能太长,如果有长期挂账的现象,有可能是企业偿债能力有限,但如有企业偿债能力较强还存在长期挂账的现象就要引起足够的重视,可能有人利用该账户进行舞弊,应及时查明原因。

对于账龄较长的应付账款,做的审计程序一般包括:检查应付账款长期挂账的原因并作出记录,注意其是否可能无须支付;对确实无须支付的应付账款的会计处理是否正确,依据是否充分;关注账龄超过3年的大额应付账款在资产负债表日后是否偿还,检查偿还记录及单据。

对于长期挂账的应付账款,都有其历史原因,如:产品出现质量问题导致双方存在纠纷;双方由于各种各样的原因正在打官司;项目周期长,尚未到达付款时间;为配合收入造假而虚构的供应商。先了解原因,再针对性地去检查。

对于长期挂账的应付账款的核销,需要注意以下几点:

第一,会计处理及税务规定。会计上一般是计入营业外收入,增加利润,同时需要缴纳企业所得税。

缴纳企业所得税政策依据:《中华人民共和国企业所得税法实施条例》第二十二条 企业所得税法第六条第(九)项所称其他收入,是指企业取得的除企业所得税法第六条第(一)项至第(八)项规定的收入外的其他收入,包括企业资产溢余收入、逾期未退包装物押金收入、确实无法偿付的应付款项、已作坏账损失处理后又收回的应收款项、债务重组收入、补贴收入、违约金收入、汇兑收益等。

第二,核销一般都要经过审批,特别是上市公司。不是财务人员想核销就能核销，即便是非上市公司，一般也需要内部的审批流程。

第三，核销需要"有理有据"。常见的核销理由有：长期挂账无人催收，双方已无业务往来，与对方公司长期无交易，物资存在质量问题等原因供应商同意不再收取货款，债权人无法联系，应付账款主体已注销或被吊销。

第四，核销会影响利润，选择不同的核销时间点，可能会影响不同期间的利润。在哪个年度核销，多数情况下就影响哪个年度的利润。这意味着可能存在利润调节的空间。

第五，审计人员做的审计程序。

（1）检查应付账款长期挂账的原因并作出记录，注意其是否可能无须支付；对确实无须支付的应付账款的会计处理是否正确，依据是否充分；关注账龄超过3年的大额应付账款在资产负债表日后是否偿还，检查偿还记录及单据，并披露。

（2）对应付账款借方发生额与货币资金流出、应付票据贷方发生额等进行分析，判断是否存在为虚增利润而虚构采购交易产生的应付账款、关联循环交易产生的应付账款、为贸易融资进行的三方虚拟交易产生的应付融资款及将虚构的长期挂账应付账款作为无须支付款项转入营业外收入的可能。

7. 期末余额为负数的应付账款。应付账款期末余额为负数，一般情况下的做法是对其进行重分类。

借：预付账款

　　贷：应付账款

但有时候不一定是简单粗暴地进行重分类，应当结合具体情况去分析出现负数的原因是什么，比如有可能是企业财务人员由于各种各样的原因导致账务处理错误（如核算时对方单位名称挂错了），此时就不是简单地进行重分类，而应该结合实际情况去看。

8. 应付账款和预付账款同时挂账。应付账款和预付账款同时挂账的情况，对有些企业来说普遍存在，把同一供应商期末余额不为0的应付账款和预付账款筛选出来，按较小者进行对冲即可，比较简单，这里不多说。需要注意的，对冲的一般是同一款项性质的。此外，应付账款也可能存在和应收账款、其他应收款进行对冲的情况，如：企业账务处理错误，将本应记到"预付账款"的部分记到了"其他应收款"或"应收账款"；企业用支付给供应商的押金、保证金抵减一部分货款或者服务款；其他特殊的情况。

9."分错类"的应付账款。

此部分是企业账务处理错误导致的，如将收取的押金放到"应付账款"核算，此时只需要做简单的重分类即可。

借：应付账款

　　贷：其他应付款

应付账款与应付票据混淆。未入账的应付账款，往往和跨期的成本费用联系在一起，这一部分主要是采取少记负债、费用跨期的方法进行人为地调节利润，当然某些情况下也存在无意的行为，即并非人为故意调节利润，如因为业务部门和财务部门的资料流转需要一定的时间，可能因为资料传递得不及时导致财务做账延迟，最终导致出现跨期的情况；另外也可能是财务人员对某些事项的判断存在"误区"等等原因导致。

对应付账款可采用以下方法进行审计：

1. 对应付账款进行核对。

获取或编制应付账款明细表，进行复核，并且与会计报表数、总账数，明细账的合计数进行核对，达到账账、账表相符。

2. 根据被审单位实际情况，对应付账款进行分析性复核。

（1）对本期期末应付账款余额与上期期末余额进行比较。

（2）分析长期挂账的应付账款，要求被审计单位做出解释，判断被审计单位是否缺乏偿债能力或利用应付账款隐瞒利润。

（3）应付账款对存货和流动负债的比率，并与以前期间对比分析，评价应付账款整体合理性。

3. 函证应付账款。

进行函证时,审计人员应选择较大金额的债权人以及那些在资产负债表日金额不大甚至为零,但为企业重要的供货人的债权人作为函证对象。同应收账款的函证一样,审计人员必须对函证的过程进行控制,要求债权人直接回函。对未回函的,应再次函证。经过多次函证仍存在未回函的重大项目,审计人员应采用替代审计程序。比如:可以检查决算日后应付账款明细账及现金和银行存款日记账,核实其是否已支付,同时检查该笔债务的相关凭证资料,核实交易事项的真实性。

4. 查找未入账的应付款。

为了防止企业低估负债,审计人员应检查被审计单位有无故意漏记应付账款行为,例如:结合存货的监盘,检查被审单位在资产负债表日是否存在"货到单未到"即有材料入库凭证但未收到购货发票的经济业务;检查资产负债表日后收到的购货发票,注意购货发票的日期,确认其入账时间是否正确;检查资产负债表日后应付账款明细账贷方发生额的相应凭证,确认其入账时间是否正确。

5. 检查应付账款是否存在借方余额,若有应查明原因,必要时建议被审计单位作重分类调整。

6. 检查是否存在长期挂账的应付账款,对确实无法支付的应付账款是否按规定转入资本公积项目,相关依据及审批手续是否完备。

7. 检查带有现金折扣的应付账款。

企业若形成一笔带有现金折扣的应付账款应按发票上记载的应付金额(不扣除折扣)记账,待实际获得现金折扣时再冲减财务费用项目。

8. 检查被审单位与债权人进行债务重组的会计处理是否正确。

9. 关注是否存在应付关联方的账款。

若有,应通过了解关联方交易事项目的、价格和条件,检查采购合同等方法确认该应付账款的合法性和合理性;通过向关联方查询及函证,以确认交易的真实性。

10. 检查用非记账本位币结算的应付账款。

主要检查企业采用的折算汇率是否按业务发生时的市场汇率或期初市场汇率折合为记账本位币金额，所选折合汇率前后期是否一致。

11. 验明应付账款在资产负债表上的披露是否恰当。

一般来说，"应付账款"项目应根据"应付账款"和"预付账款"科目明细科目的期末贷方余额的合计数填列。

2.8 应付职工薪酬

2.8.1 科目特点

职工薪酬是指企业为获得职工提供的服务或解除劳动关系而给予的各种形式的报酬或补偿。职工薪酬包括短期薪酬、离职后福利、辞退福利和其他长期职工福利。企业提供给职工配偶、子女、受赡养人、已故员工遗属及其他收益人等的福利，也属于职工薪酬。

短期薪酬是指企业在职工提供相关服务的年度报告期间结束后12个月内需要全部予以支付的职工薪酬，因解除与职工的劳动关系给予的补偿除外。具体包括：职工工资、奖金、津贴和补贴；职工福利费；医疗保险费、工伤保险费等社会保险费；住房公积金；工会经费和职工教育经费；短期带薪缺勤；短期利润分享计划；非货币性福利及其他短期薪酬。

离职后福利是指企业为获得职工提供的服务而在职工退休或在企业解除劳动关系后，提供的各种形式的报酬和福利，短期薪酬和辞退福利除外（养老保险及失业保险归为此类）。包括设定提存计划和设定受益计划。

第2章　负债类科目常见财务舞弊手段

辞退福利是指企业在职工劳动合同到期之前解除与职工的劳动关系，或者为鼓励职工自愿接受裁减而给予职工的补偿。辞退福利核算时不按部门分摊费用，直接计入管理费用。

其他长期职工福利是指除短期薪酬、离职后福利、辞退福利之外所有的职工薪酬，包括长期带薪缺勤、长期残疾福利、长期利润分享计划等。

短期薪酬的会计核算如下：

1. 货币性职工薪酬

（1）工资、奖金、津贴和补贴。

①计提货币性职工薪酬。

借：生产成本（生产车间生产人员）

　　在建工程（工程建设人员）

　　研发支出（研发人员）

　　制造费用（车间管理人员）

　　管理费用（行政管理人员）

　　销售费用（销售人员）

　　贷：应付职工薪酬——工资、奖金、津贴和补贴

②支付工资、奖金、津贴、补贴。

借：应付职工薪酬——工资、奖金、津贴和补贴

　　贷：银行存款

　　　　库存现金

　　　　其他应收款【扣还代垫或预支的各项款项】

　　　　应交税费——应交个人所得税【代扣代缴个人所得税】

③扣还的各种款项。

借：应付职工薪酬

　　贷：其他应收款——代垫医药费（代垫的家属药费）

其他应收款——职工房租（代垫的房租）

应交税费——应交个人所得税（代垫的个人所得税）

（2）职工福利费。

借：生产成本/制造费用/在建工程/研发支出/管理费用/销售费用等

贷：应付职工薪酬——职工福利费

（3）国家规定计提标准的职工薪酬。

借：生产成本/制造费用/在建工程/研发支出/管理费用/销售费用等

贷：应付职工薪酬——工会经费/职工教育经费/社会保险法/住房公积金

（4）短期带薪缺勤。

①累积带薪缺勤：指带薪权利可以结转下期的带薪缺勤，本期尚未用完的带薪缺勤权利可以在未来期间使用。

借：生产成本/制造费用/在建工程/研发支出/管理费用/销售费用等

贷：应付职工薪酬——带薪缺勤——短期带薪缺勤——累积带薪缺勤

②非累积带薪缺勤。

企业确认职工享有的与非累积带薪缺勤权利相关的薪酬，视同职工出勤确认的当期损益或相关资产成本，不必额外作相应的账务处理。我国企业职工休婚假、产假、丧假、探亲假、病假期间的工作也是属于非累积带薪缺勤。

2. 非货币性职工薪酬

（1）企业以其自产产品作为非货币性福利发放给职工。

①确认/计提。

借：管理费用／在建工程／生产成本／制造费用等

  贷：应付职工薪酬——非货币性福利（含销项税售价）

②实际发放时（视同销售）。

借：应付职工薪酬——非货币性福利（含销项税售价）

  贷：主营业务收入

    应交税费——应交增值税（销项税额）

结转成本：

借：主营业务成本

  存货跌价准备

  贷：库存商品

（2）企业以外购的产品作为非货币性福利发放给职工。

①外购时明确之后用于职工福利。

借：库存商品（含进项税买价）

  贷：银行存款等

发放：

借：应付职工薪酬——非货币性福利（含进项税买价）

  贷：库存商品

同时：

借：生产成本／制造费用／在建工程／研发支出／管理费用／销售费用等

  贷：应付职工薪酬——非货币性福利（含进项税买价）

②外购时未明确之后用于职工福利。

借：库存商品（不含税买价）

  应交税费——应交增值税（进项税额）

  贷：银行存款等

发放：

借：应付职工薪酬——非货币性福利（含进项税买价）

贷：库存商品

　　　应交税费——应交增值税（进项税额转出）

同时：

借：生产成本/制造费用/在建工程/研发支出/管理费用/销售费用等

　　　贷：应付职工薪酬——非货币性福利（含进项税买价）

（3）企业拥有的房屋等资产无偿提供给职工使用。

借：管理费用/生产成本/制造费用等

　　　贷：应付职工薪酬——非货币性福利（折旧额）

同时：

借：应付职工薪酬——非货币性福利

　　　贷：累计折旧

（4）租赁住房等资产供职工无偿使用。

①确认职工薪酬。

借：管理费用（管理部门）

　　　生产成本（生产工人）

　　　制造费用（车间管理人员）等

　　　贷：应付职工薪酬——非货币性福利（应付租金确认）

②支付租金时。

借：应付职工薪酬——非货币性福利

　　　贷：银行存款等

设定提存计划的会计核算如下：

对于设定提存计划，企业应当根据在资产负债表日为换取职工在会计期间提供的服务而应向单独主体缴存的提存金，确认为应付职工薪酬并计入当期损益或相关资产成本。

会计分录：

借：生产成本/制造费用/在建工程/研发支出/管理费用/销售费

用等

  贷：应付职工薪酬——设定提存计划

缴存时：

  借：应付职工薪酬——设定提存计划

    贷：银行存款

2.8.2 应付职工薪酬舞弊常见表现与识别

应付职工薪酬常见错弊如下：

1.虚报职工名单。舞弊者为了达到多领工资的目的，而故意虚构职工名单；

2.虚报工资计算依据。舞弊者故意多报考勤天数、工作工时、计件数量等，以达到多领工资的目的；

3.舞弊者利用职务之便，将工资计算表故意计算错，以达到多领工资的目的；

4.舞弊者冒用他人之名领取工资；

5.将不属于应付职工薪酬的核算内容而强行在该账户进行核算；

6.不按规定提取社会保险费、住房公积金、工会经费、职工教育费等；

7.发给职工的非货币性福利账务处理不正确或冒领非货币性福利等；

8.不按实发工资时到银行提取现金，主要表现为多提；

9.职工未领取的工资处理不当，如没有及时记入其他应付款账户核算等；

10.以企业生产的产品作为福利发放给职工时，没有作为企业销售收入入账，没有按照该产品的收益对象计入相关成本、费用之中，也没有在应付职工薪酬中反映出来；

11.职工薪酬列入的核算科目不对，如生产工人的薪酬应计入产品成本，在建工程工人的薪酬应列入在建工程账户，行政人员的薪酬应列入管理费用账户，销售机构职工的工资应列入销售费用账户。

应付职工薪酬审计的检查方法与技巧：

1. 获取或编制应付职工薪酬明细表

复核加计是否正确，并与报表数、总账数和明细账合计数核对是否相符。

2. 实施实质性分析程序

（1）针对已识别需要运用分析程序的有关项目，并基于对被审计单位及其环境的了解，通过进行以下比较，同时考虑有关数据间关系的影响，以建立有关数据的期望值：

①比较被审计单位员工人数的变动情况，检查被审计单位各部门各月工资费用的发生额是否有异常波动，若有，则查明波动原因是否合理；

②比较本期与上期工资费用总额，要求被审计单位解释其增减变动原因，或取得公司管理当局关于员工工资标准的决议；

③结合员工社保缴纳情况，明确被审计单位员工范围，检查是否与关联公司员工工资混淆列支；

④核对下列相互独立部门的相关数据：

A. 工资部门记录的工资支出与出纳记录的工资支付数；

B. 工资部门记录的工时与生产部门记录的工时。

⑤比较本期应付职工薪酬余额与上期应付职工薪酬余额，是否有异常变动。

（2）确定可接受的差异额。

（3）将实际的情况与期望值相比较，识别需要进一步调查的差异。

（4）如果其差额超过可接受的差异额，调查并获取充分的解释和恰当的佐证审计证据（如通过检查相关的凭证）。

（5）评估分析程序的测试结果。

3. 检查工资、奖金、津贴和补贴

（1）计提是否正确，依据是否充分，将执行的工资标准与有关规定核对，并对工资总额进行测试；被审计单位如果实行工效挂钩的，应取得有关主管部门确认的效益工资发放额认定证明，结合有关合同文件和实际完成的指标，检查其计提额是否正确，是否应作纳税调整。

（2）检查分配方法与上年是否一致，除因解除与职工的劳动关系给予的补偿直接计入管理费用外，被审计单位是否根据职工提供服务的受益对象，分别下列情况进行处理：

①应由生产产品、提供劳务负担的职工薪酬，计入产品成本或劳务成本；

②应由在建工程、无形资产负担的职工薪酬，计入建造固定资产或无形资产；

③作为外商投资企业，按规定从净利润中提取的职工奖励及福利基金，是否相应计入"利润分配——提取的职工奖励及福利基金"科目；

④其他职工薪酬，计入当期损益；

（3）检查发放金额是否正确，代扣的款项及其金额是否正确。

（4）检查是否存在属于拖欠性质的职工薪酬，并了解拖欠的原因。

4. 检查社会保险费

包括医疗、养老、失业、工伤、生育保险费、住房公积金、工会经费和职工教育经费等计提（分配）和支付（或使用）的会计处理是否正确，依据是否充分。

5. 检查辞退福利下列项目

（1）对于职工没有选择权的辞退计划，检查按辞退职工数量、辞退补偿标准计提辞退福利负债金额是否正确；

（2）对于自愿接受裁减的建议，检查按接受裁减建议的预计职工数量、辞退补偿标准（该标准确定）等计提辞退福利负债金额是否正确；

（3）检查实质性辞退工作在一年内完成，但付款时间超过一年的辞退福利，是否按折现后的金额计量，折现率的选择是否合理；

（4）检查计提辞退福利负债的会计处理是否正确，是否将计提金额计入当期管理费用；

（5）检查辞退福利支付凭证是否真实正确。

6. 检查非货币性福利

（1）检查以自产产品发放给职工的非货币性福利，检查是否根据受益对象，按照该产品的公允价值，计入相关资产成本或当期损益，同时确认应付职工薪酬；对于难以认定受益对象的非货币性福利，是否直接计入当期损益和应付职工薪酬。

（2）检查无偿向职工提供住房的非货币性福利，是否根据受益对象，将该住房每期应计提的折旧计入相关资产成本或当期损益，同时确认应付职工薪酬。对于难以认定受益对象的非货币性福利，是否直接计入当期损益和应付职工薪酬。

（3）检查租赁住房等资产供职工无偿使用的非货币性福利，是否根据受益对象，将每期应付的租金计入相关资产成本或当期损益，并确认应付职工薪酬。对于难以认定受益对象的非货币性福利，是否直接计入当期损益和应付职工薪酬。

7. 检查以现金与职工结算的股份支付

（1）检查授予后立即可行权的以现金结算的股份支付，是否在授予日以承担负债的公允价值计入相关成本或费用。

（2）检查完成等待期内的服务或达到规定业绩条件以后才可行权的以现金结算的股份支付，在等待期内的每个资产负债表日，是否以可行权情况的最佳估计为基础，按照承担负债的公允价值金额，将当期取得的服务计入成本或费用。在资产负债表日，后续信息表明当期承担债务的公允价值与以前估计不同的，是否进行调整，并在可行权日，调整至实际可行权水平。

（3）检查可行权日之后，以现金结算的股份支付当期公允价值的变动金额，是否借记或贷记"公允价值变动损益"。

（4）检查在可行权日，实际以现金结算的股份支付金额是否正确，会计处理是否恰当。

8. 检查应付职工薪酬的期后付款情况

并关注在资产负债表日至财务报表批准报出日之间，是否有确凿证据表明需要调整资产负债表日原确认的应付职工薪酬事项。

9. 检查应付职工薪酬是否已按照企业会计准则的规定在财务报表中作出恰当的列报

（1）检查是否在附注中披露与职工薪酬有关的下列信息：

①应当支付给职工的工资、奖金、津贴和补贴，及其期末应付未付金额；

②应当为职工缴纳的医疗、养老、失业、工伤和生育等社会保险费，及其期末应付未付金额；

③应当为职工缴存的住房公积金，及其期末应付未付金额；

④为职工提供的非货币性福利，及其计算依据；

⑤应当支付的因解除劳动关系给予的补偿，及其期末应付未付金额；

⑥其他职工薪酬。

（2）检查因自愿接受裁减建议的职工数量、补偿标准等不确定而产生的预计负债（应付职工薪酬），是否按照《企业会计准则第13号——或有事项》进行披露。

第3章
所有者权益类科目常见财务舞弊手段

本章主要以实收资本、资本公积、留存收益三个科目进行介绍，这三个科目为财务舞弊常发科目，本章对其会计处理及实务处理都进行了详细的介绍，同时对不同科目相对应的常见财务舞弊手段进行了分类及详细介绍，配合相应案例介绍便于理解。

实收资本常见的舞弊行为主要有以下几个方面：

1. 出资额不符合规定：根据公司法的规定，有限责任公司的注册资本不得少于下列最低限额：以生产经营为主的公司人民币50万元，以商品批发为主的公司人民币50万元；以商业零售为主的公司人民币30万元；科技开发、咨询、服务性公司人民币10万元。

2. 出资方式不符合规定：根据规定，股东可以用货币出资，也可以用实物、工业产权、非专利技术、土地使用权作价出资。

3. 出资期限不符合规定：投资者没有在规定的期限内足额缴付出资额。

4. 投入的资本作价不合理：根据规定，对作为出资的实物、工业产权、非专利技术或者土地使用权，必须进行评估作价，核实财产，不得高估或者低估作价。

5. 无形资产投资比重不符合规定：根据规定，以工业产权、非专利技术作价出资的金额不得超过有限责任公司注册资本的20%（国家对采用高新技术成果有特别规定的除外）。

6. 实收资本增减变动不合法：企业法人实有资本比原注册资本数增减额超过20%时，应办理变更登记，但有些企业没有按规定及时办理相关的变更登记手续；不符合增资或减资条件的，仍然增加实收资本或减少实收资本；有增资或减资行为，却没按规定办理相关的手续；根据规定，在企业持续经营期内，投资人不得以任何形式抽回，有些企业投资者却随意抽回资本；投资者投入的资本可以依法转让，但有的投资者没有按法定程序办理转让手续。

7. 外币投资时，汇率使用不当：没有按照规定选择汇率，而是故意使用高汇率折算或选用低汇率折算。

8.核算实收资本的账户设置不规范：企业应根据投资人设置明细账户进行明细核算，会计人员没有按照要求设置明细账户。

资本公积常见的舞弊行为则主要有以下几个方面：

1.资本公积账户，使用不正确：将不应列入该账户核算的内容，强行列入该账户核算资本公积账户；将应列入该账户核算的内容，未列入该账户核算，如将接收捐赠的将应列入该账户核算的内容。

2.资本公积使用不符合规定：资本公积的主要用途有两个：转赠资本，弥补亏损。有的企业资本公积的使用不符合规定，如用资本公积滥发资金等；资本公积的使用未经批准、未办理相关的手续舞弊者将资本公积挪作他用。

留存收益常见的舞弊行为主要有以下几个方面：

1.盈余公积：滥用盈余公积账户，如将盘盈的资产、罚没收入等计入盈余公积；提前盈余公积的基础不正确；提前盈余公积的比例不符合规定；使用盈余公积不符合国家的相关规定，如用于发放奖金等；使用盈余公积的审批手续不齐全；将盈余公积挪作他用。

2.未分配利润：滥用未分配利润账户，将不该列入该账户的内容强行计入；没按规定对未分配利润进行分配。

接下来本章下文将详细对这三个科目的舞弊识别进行详细介绍。

3.1 实收资本

3.1.1 科目特点

实收资本是指企业按照章程规定或合同、协议约定，接受投资者投入企业的注册资本。企业应当设置"实收资本"科目，核算企业接受投资者投入的实收资本,股份有限公司应将该科目改为"股本"。股份有限公司在采用溢价发行股票的情况下,企业应将相当于股票面值的部分记入"股本"科目,其余部分在扣除发行手续费、佣金等发行费用后记入"资本公积——股本溢价"科目。

实收资本增减变动的会计处理如下:

1. 实收资本增加的会计处理

(1)企业增加资本的一般途径。

①资本公积转为实收资本或股本(资本公积转增股本)。

借:资本公积——资本溢价(股本溢价)

  贷:实收资本(股本)

②盈余公积转为实收资本或股本(盈余公积转增股本)。

借:盈余公积

  贷:实收资本(股本)

③所有者(包括原企业所有者和新投资者)投入。

借:银行存款

  固定资产/无形资产(按合同约定的价值,约定的价值不公允的按公允价值)

  贷:实收资本(股本)(实收资本是在注册资本中所占的份额,股本是面值)

    资本公积——资本溢价(股本溢价)

注意:一般情况下,初始投资时各投资者投入企业的资本,按出资份额全部记入实收资本或股本;增资扩股接受新投资者出资时,按约定份额,记入实收资本或股本,大于约定份额的部分,记入资本公积——资本溢价(或股本溢价)。

因为企业创办者承担了初创阶段的巨大风险,同时在企业内部形成留存收益,新加入的投资者将享有这些利益,就要求其付出大于原有投资者的出资额,才能取得与原有投资者相同的投资比例。

(2)股份有限公司发放股票股利。

借:利润分配——转作股本的股利

　　贷:股本

留存收益总额减少,但所有者权益总额不变。

注意:如果是发放现金股利,则所有者权益减少

借:利润分配——应付现金股利

　　贷:应付股利

发放时:

借:应付股利

　　贷:银行存款

发放股票股利相当于投资者用收到的现金股利进行再投资

借:银行存款

　　贷:股本

以上三个分录合并之后就是:

借:利润分配

　　贷:股本

(3)可转换公司债券持有人行使转换权利。

借:应付债券——可转换公司债券(面值、应计利息)

　　其他权益工具

　　应付利息(分期付息债券转股时尚未支付的利息)

　　贷:股本

　　　应付债券——可转换公司债券(利息调整)(或借方)

　　　资本公积——股本溢价

(4)企业将重组债务转为资本。

债务重组采用将债务转为权益工具方式进行的,债务人初始确认权益工具时,应当按照权益工具的公允价值计量。所清偿债务账面价值与权

益工具确认金额之间的差额，记入"投资收益"科目。

借：应付账款（账面价值）

　　贷：股本

　　　　资本公积——股本溢价

　　　　投资收益

（5）以权益结算的股份支付的行权。

借：银行存款

　　资本公积——其他资本公积

　　贷：股本（实收资本）

　　　　资本公积——股本溢价（资本溢价）

2. 实收资本减少的会计处理

（1）有限责任公司和一般企业按法定程序报经批准减少注册资本的，借记实收资本科目，贷记银行存款科目。

（2）股份有限公司因减少注册资本而回购本公司股份的，应按实际支付的金额，借记"库存股"科目，贷记"银行存款"等科目。（所有者权益总额减少）

借：库存股

　　贷：银行存款

库存股是用来核算企业收购的尚未转让或注销的该公司股份金额，属于权益类科目。借方表示增加，贷方表示减少，属于所有者权益备抵项。在资产负债表上，库存股不能列为公司资产，而是以负数形式列为一项股东权益。

（3）注销库存股时，所有者权益不变。

因为库存股是一个备抵科目，库存股增加会导致所有者权益减少；库存股减少会导致所有者权益增加。

注销库存股时借记股本等科目，贷记库存股。股本等科目在借方表示所有者权益减少，库存股在贷方表示库存股减少，相应的所有者权益增加，故所有者权益一增一减所有者权益总额不变。

①回购价格超过上述冲减"股本"及"资本公积——股本溢价"科目的部分。

回购价格超过上述冲减"股本"及"资本公积——股本溢价"科目的部分，应依次借记"盈余公积""利润分配—未分配利润"等科目；

借：股本
　　资本公积——股本溢价
　　盈余公积
　　利润分配——未分配利润
　　贷：库存股

注销时，按注销股票的面值总额减少股本，回购股票支付的价款超过面值总额的部分，依次冲减资本公积、盈余公积、利润分配——未分配利润科目。

因为这种情况下回购库存股时，每股库存股的金额都是大于面值的，说明库存股里不只包含了股本，还包含了股东经过经营在企业内部形成的留存收益，未分配利润，所以再注销库存股时，要把留存收益及未分配利润也相应地冲减掉。

②回购价格低于回购股份所对应的股本。

如回购价格低于回购股份所对应的股本，所注销库存股的账面余额与所冲减股本的差额作为增加股本溢价处理，按回购股份所对应的股本面值，借记"股本"科目，按注销库存股的账面余额，贷记"库存股"科目。按其差额，贷记"资本公积——股本溢价"。

借：股本（回购股份所对应的股本面值）
　　贷：库存股（注销库存股的账面余额）
　　　　资本公积——股本溢价（差额）

3.1.2 实收资本舞弊常见表现与识别

1. 投资交纳时间、数额、比例不符合规定

（1）常见表现。

按规定，资本金可以一次或分期筹集；分次筹集的，投资者最后一次投入企业的资本必须在营业执照签发之日起6个月内缴足。在现实生活中，经常出现出资方逾期未缴或缴纳数额低于规定比例，致使企业生产经营无法进行或损害有关方面的利益的现象。

（2）识别。

审计人员首先应审阅"实收资本"明细账，如出资人、出资时间、数额等记录，再与营业执照、相关法规对比。

2. 无形资产的比例过高

（1）常见表现。

按规定，企业在资本金筹集中无形资产的比例不能过高，不能超过其注册资本总额的20%。特殊情况下，应经有关部门的批准，但最高不得超过注册资本的30%。而有些企业的实收资本中，无形资产大大超过上述比例，违反了相关法规的规定。

（2）识别。

审计人员应审核"实收资本"明细账及相关的"无形资产""固定资产"账户的摘要，以发现疑点或线索；如果发现比例超过规定，应查看有关部门评估的凭证，审查是否有无形资产估价过高的现象。

3. 投入资本的入账依据和入账价值不正确

（1）常见表现。

①虚假投资。投资者以借入款投资或出具假证明作为投资凭证。

②汇率错误。以外币投入资本时汇率选定不正确。

（2）识别。

审计人员应将企业银行存款日记账与银行记录进行核对，必要时请银行协助核实。实物资产和无形资产计价不准确时，审查是否经有关专家鉴定，并审阅有关凭证，如果发现问题，需要调整有关资产账户及"实收资本"账户，防止高估或低估资产价值。

4. 资本增加不符合规定

（1）常见表现。

①将接受捐赠非现金资产准备直接转增资本金。

②将盈余公积转增资本时没有经过股东大会批准，没有办理相应的增资手续。

③将法定盈余公积转增资本后留存的法定盈余公积少于注册资本的25%。

④股份有限公司增加股本不符合条件。

（2）识别。

审计人员应查阅"实收资本"明细账及有关对应账户，了解其具体内容，确定其是否合法合规。

5. 随意减少资本金，违反了资本保全原则

（1）常见表现。

所谓的资本保全原则是指企业筹集资本金后，在生产经营期间除投资者依法转让，一般不得抽回资本金。企业实收资本减少的原因有两种：一是资本过剩，二是企业发生重大亏损需要减少实收资本。上述情况以外的减资行为都违反资本保全原则。

（2）识别。

审计人员应根据"实收资本"账户的借方发生额查阅明细账，看其内容是否符合规定，是否符合会计制度，是否向登记机关办理了登记手续。

股份有限公司采用收购本公司股票方式减资的，按股票面值和注销股数计算的股票面值总额，借记"股本"账户；按所注销库存股的账面余额，贷记"库存股"账户；按其差额，借记"资本公积——股本溢价"账户；股本溢价不足冲减的，应借记"盈余公积""利润分配——未分配利润"账户。购回股票支付的价款低于面值总额的，应按股票面值总额，借记"股本"账户；按所注销库存股的账面余额，贷记"库存股"账户；按其差额，贷记"资本公积——股本溢价"账户。

3.2 资本公积

3.2.1 科目特点

资本公积是指企业在经营过程中由于接受捐赠、股本溢价以及法定财产重估增值等原因所形成的公积金。资本公积是与企业收益无关而与资本相关的贷项。资本公积是指投资者或者他人投入到企业、所有权归属于投资者、并且投入金额上超过法定资本部分的资本。

会计准则所规定的可计入资本公积的贷项有四个内容：资本（股本）溢价、其他资本公积、资产评估增值、资本折算差额。

资本溢价是公司发行权益债券价格超出所有者权益的部分，股本溢价是公司发行股票的价格超出票面价格的部分，其他资本公积包括可供出售的金融资产公允价值变动、长期股权投资权益法下被投资单位净利润以外的变动。资产评估增值是按法定要求对企业资产进行重新估价时，重估价高于资产的账面净值的部分（参见资产评估）。资本折算差额是外币资本因汇率变动产生的差额。

按照国家财务制度规定，资本公积只能按照法定程序转增资本。我国有不少上市公司均有将资本公积转增资本、增发股票的实例。

资本公积的会计处理如下：

1. 本科目核算企业收到投资者出资超出其在注册资本或股本中所占的份额以及直接计入所有者权益的利得和损失等。

2. 本科目应当分别"资本溢价"或"股本溢价""可供出售金融资产""其他资本公积"进行明细核算。

3. 资本公积的主要账务处理。

（1）企业收到投资者投入的资本，借记"银行存款""其他应收款""固定资产""无形资产"等科目，按其在注册资本或股本中所占份额，贷记"实收资本"或"股本"科目，按其差额，贷记本科目（资本溢价或股本溢价）。

与发行权益性证券直接相关的手续费、佣金等交易费用，借记本科目（股本溢价），贷记"银行存款"等科目。

公司发行的可转换公司债券按规定转为股本时，应按"长期债券——可转换公司债券"科目余额，借记"长期债券——可转换公司债券"，按本科目（其他资本公积）中属于该项可转换公司债券的权益成份的金额，借记本科目（其他资本公积），按股票面值和转换的股数计算的股票面值总额，贷记"股本"科目，按实际用现金支付的不可转换为股票的部分，贷记"现金"等科目，按其差额，贷记本科目（股本溢价）科目。

企业将重组债务转为资本的，应按重组债务的账面价值，借记"应付账款"等科目，按债权人放弃债权而享有本企业股份的面值总额，贷记"股本"科目，按股份的公允价值总额与相应的实收资本或股本之间的差额，贷记或借记本科目（资本溢价或股本溢价），按重组债务的账面价值与股份的公允价值总额之间的差额，贷记"营业外收入——债务重组利得"科目。

企业经股东大会或类似机构决议，用资本公积转增资本，借记本科目

（资本溢价或股本溢价），贷记"实收资本"或"股本"科目。

（2）企业的长期股权投资采用权益法核算的，在持股比例不变的情况下，被投资单位除净损益以外所有者权益的其他变动，企业按持股比例计算应享有的份额，借记"长期股权投资——所有者权益其他变动"科目，贷记本科目（其他资本公积）。

（3）企业以权益结算的股份支付换取职工或其他方提供服务的，应按权益工具授予日的公允价值，借记"管理费用"等相关成本费用科目，贷记本科目（其他资本公积）。

在行权日，应按实际行权的权益工具数量计算确定的金额，借记本科目（其他资本公积），按计入实收资本或股本的金额。

（4）企业自用房地产或存货转换为采用公允价值模式计量的投资性房地产时，应按转换日的公允价值，借记"投资性房地产"科目，按其账面价值，借记或贷记有关科目，转换当日的公允价值大于原账面价值的差额，贷记本科目（其他资本公积）。

处置该项投资性房地产时，应转销与其相关的其他资本公积。

（5）企业根据金融工具确认和计量准则将持有至到期投资重分类为可供出售金融资产的，应在重分类日按该项持有至到期投资的公允价值，借记"可供出售金融资产"科目，已计提减值准备的，借记"持有至到期投资减值准备"科目，按其账面余额，贷记"持有至到期投资——投资成本、溢折价、应计利息"科目，按其差额，贷记或借记本科目（其他资本公积）。

根据金融工具确认和计量准则将可供出售金融资产重分类为采用成本或摊余成本计量的金融资产，应在重分类日按可供出售金融资产的公允价值，借记"持有至到期投资"等科目，贷记"可供出售金融资产"科目。对于有固定到期日的，与其相关的原记入本科目（其他资本公积）的余额，应在该项金融资产的剩余期限内，在资产负债表日，按采用实际利率法计算确定的摊销金额，借记或贷记本科目（其他资本公积），贷记或借记"投资收益"科目。对于没有固定到期日的，与其相关的原记入本科目（其他资本公积）的金额，应在处置该项金融资产时。

（6）资产负债表日，可供出售金融资产的公允价值高于其账面余额的差额，借记"可供出售金融资产"科目，贷记本科目（其他资本公积）；公允价值低于其账面余额的差额，做相反的会计分录。

根据金融工具确认和计量准则确定可供出售金融资产发生减值的，按应减记的金额，借记"资产减值损失"科目，贷记"可供出售金融资产"科目。同时，按应从所有者权益中转出的累计损失，借记"资产减值损失"科目，贷记本科目（其他资本公积）。

已确认减值损失的可供出售权益工具在随后的会计期间公允价值上升的，应在原已计提的减值准备金额内，按恢复增加的金额，借记"可供出售金融资产"科目，贷记本科目（其他资本公积）。

如转销后的损失资金以后又收回，按实际收回的金额，借记本科目（其他资本公积），贷记"资产减值损失"科目；同时，借记"银行存款""存放中央银行款项"等科目，贷记本科目（其他资本公积）。

（7）资产负债表日，满足运用套期会计方法条件的现金流量套期和境外经营净投资套期产生的利得或损失，属于有效套期的，借记或贷记有关科目，贷记或借记本科目（其他资本公积）；属于无效套期的，借记或贷记有关科目，贷记或借记"公允价值变动损益"。

转出现金流量套期和境外经营净投资套期产生的利得或损失中属于有效套期的部分，借记或贷记本科目（其他资本公积），贷记或借记相关资产、负债科目或"公允价值变动损益"科目。

（8）股份有限公司采用收购本企业股票方式减资的，按注销股票的面值总额减少股本，购回股票支付的价款超过面值总额的部分，应依次冲减资本公积和留存收益，借记"股本""盈余公积""利润分配——未分配利润"科目和本科目，贷记"银行存款""现金"科目；购回股票支付的价款低于面值总额的，应按股票面值总额，借记"股本"科目，按实际支付的金额，贷记"银行存款""现金"科目，按其差额，贷记本科目（股本溢价）。

4. 本科目期末贷方余额，反映企业资本公积的余额。

3.2.2 资本公积舞弊常见表现与识别

资本公积主要包括资本溢价、股票溢价、接受的捐赠资产和法定资产重估增值等，其弊端主要表现为：资本和股票溢价不真实，接受捐赠资产不作资本公积处理，法定资产重估增值不真实，账务处理违反规定等。

1. 转增资本公积的违规行为

（1）常见表现。

将企业开始生产经营后而不是投入资本时发生的外汇价差列入了资本公积。

（2）识别。

一个会计期间牵扯的资本公积业务不是很多，因此审计人员在审阅"资本公积"明细账时应注意业务内容，详细审查，发现疑点后，调阅有关会计凭证进行综合分析，然后作出处理。例如，在审查"资本公积"明细账时，发现其来源是某笔应收款项的外汇差价，调阅该笔应收款项的会计凭证后，知其应作汇兑损益处理，据此调整账务处理。

2. 资本公积的使用不正确

（1）常见表现。

不按法定程序转增资本，用资本公积从事职工福利设施的建设、滥发奖金等。

（2）识别。

审计人员应审阅"资本公积"明细账的借方记录内容，如在审阅账簿摘要内容时了解到"资本公积"明细账中列有"经董事会决定扩建澡堂",据此入手调阅有关凭证,了解该项支出情况,查证问题。又如"资本公积"明细账摘要内容为"转增资本",据此应进行合法性审查,看增资是否经董事会决定,并报经管理机关批准和依法办理增资手续。调阅有关资料,如董事会决议、工商部门复函等,从而发现、查证问题。

3. 资本(股本)溢价收入的错误处理

(1)常见表现。

企业溢价发行股票的溢价收入计入股本或实收资本,而不计入资本公积。

(2)识别。

审计人员应审阅企业的股票发行章程办法及证监会批准企业发行股票的相关文件资料。对溢价发行,采用复算法计算发行企业股票的面值总额,将结果与账面记录进行比较。

除此之外,常见的舞弊形式还有:将法定财产重估增值,接受捐赠的资产等记入"营业外收入""其他业务收入"等账户。将法定财产重估减值冲减资本公积,而不是作为"营业外支出"处理。有些企业未经国家财税部门和国有资产管理部门的批准,自行组织安排财产重估,将评估增值作为资本公积。有的企业为了逃避所得税,将本应该计入当期损益的项目计入资本公积。如有些企业将资产盘盈作为资本公积,或将对外投资作为资本公积,或将汇兑损益作为资本公积。有些企业在不符合增资条件,未经批准和办理有关手续的情况下,擅自将资本公积转增资本;有些企业竟将资本公积挪作他用,用于集体或职工福利。

3.3 留存收益

3.3.1 科目特点

留存收益是指企业从历年实现的利润中提取或形成的留存于企业的内部积累，包括盈余公积和未分配利润两类。盈余公积是指企业按照有关规定从净利润中提取的积累资金。公司制企业的盈余公积包括法定盈余公积和任意盈余公积。法定盈余公积是指企业按照规定的比例从净利润中提取的盈余公积。任意盈余公积是指企业按照股东会或股东大会决议提取的盈余公积。企业提取的盈余公积经批准可用于弥补亏损、转增资本或发放现金股利或利润等。未分配利润是指企业实现的净利润经过弥补亏损、提取盈余公积和向投资者分配利润后留存在企业的，历年结存的利润。相对于所有者权益的其他部分来说，企业对于未分配利润的使用有较大的自主权。

企业应设置"盈余公积"科目，核算盈余公积的提取和使用等增减变动情况，并在"盈余公积"科目下设置"法定盈余公积""任意盈余公积"和"法定公益金"三个明细科目，分别核算企业从净利润中提取的各项盈余公积及其使用情况。

企业未分配利润应通过"利润分配"科目进行核算。年度终了，企业应将全年实现的净利润，自"本年利润"科目转入"利润分配——未分配利润"科目，并将"利润分配"科目下的其他有关明细科目的余额，转入"未分配利润"明细科目。结转后，"未分配利润"明细科目的贷方余额，就是累积未分配的利润数额。如出现借方余额，则表示累积未弥补的亏损数额。对于未弥补亏损可以用以后年度实现的税前利润进行弥补，但弥补期限不得超过五年。

企业应通过"盈余公积"科目，核算盈余公积提取、使用等情况，并分别"法定盈余公积""任意盈余公积"进行明细核算。

企业按规定提取盈余公积时，借记"利润分配——提取法定盈余公积、提取任意盈余公积"科目，贷记"盈余公积"科目。经股东大会或类似机构决议用盈余公积弥补亏损或转增资本时，借记"盈余公积"科目，贷记"利润分配——盈余公积补亏""实收资本（或股本）"科目。经股东大会决议用盈余公积派送新股时，按派送新股计算的金额，借记"盈余公积"科目，按股票面值和派送新股总数计算的股票面值总额，贷记"股本"科目。

企业应通过"利润分配"科目，核算企业利润的分配（或亏损的弥补）和历年分配（或弥补）后的未分配利润（或未弥补亏损）。该科目应分别"提取法定盈余公积""提取任意盈余公积""应付现金股利或利润""盈余公积补亏""未分配利润"等进行明细核算。企业未分配利润通过"利润分配——未分配利润"明细科目进行核算。年度终了，企业应将全年实现的净利润或发生的净亏损，自"本年利润"科目转入"利润分配——未分配利润"科目，并将"利润分配"科目所属其他明细科目的余额，转入"未分配利润"明细科目。结转后，"利润分配——未分配利润"科目如为贷方余额，表示累积未分配的利润数额；如为借方余额，则表示累积未弥补的亏损数额。

3.3.2 留存收益舞弊常见表现与识别

盈余公积是按照国家有关规定从利润中提取的公积金，包括用于生产发展，后备以及职工福利方面的公积金，主要弊端有：盈余公积的提取比例不当，不按规定用途使用等；未分配利润是企业留于以后年度分配的利润或待分配利润，主要弊端是：留存比例不当，违规用于发放职工奖励和福利等。

盈余公积反映企业按国家规定从税后利润中提取的公积金，包括法定盈余公积，任意盈余公积和公益金。盈余公积主要是用于扩大企业的生产规模，增强企业的经济实力，应付各种风险或弥补以后年度发生的亏损，按照法定程序转增资本等，公益金是企业从税后利润中提取的用于企业职工集体福利的积累性资金，是企业所有者权益的一部分。

盈余公积常见作假手法主要有：

1.有些企业为了逃避所得税，将本应该计入当期损益的项目计入盈余公积，常见的做法有将无法支付的应付账款计入盈余公积；将资产盘盈、罚没收入等计入盈余公积。

2.提取的顺序和基数不正确。按现行制度规定，盈余公积应在税后利润弥补以前年度亏损，扣除没收财产的损失、支付滞纳金和罚款后的余额提取。

3.列支的渠道不正确，有些企业直接从成本费用中提取。

4.根据现行财务制度和有关法律的规定，盈余公积中的法定盈余公积和任意盈余公积主要用于：

（1）弥补亏损；

（2）转增资本或特殊情况下用于分配股利，但转增资本或分配股利后法定盈余公积不得低于注册资本的25%，分配股利的比例不得超过股票面值的6%，盈余公积中的公益金主要用于集体福利设施，但有些企业使用的审批手续不全，不符合国家规定的条件；将盈余公积挪作他用，用于发放奖金，用于弥补超支的应付福利费等。

未分配利润是企业留待以后年度进行分配的结存利润。未分配利润包括两层意思：

（1）留待以后年度处理的利润；

（2）未指定特定用途的利润。未分配利润的真实与否直接与利润的形成和利润的分配有着直接关系。

其作假方式主要有：

（1）有些企业将本应计入当期损益的其他业务收入、营业外收入、汇兑损益、投资收益等直接计入未分配利润以逃避所得税款；有些企业通过多计费用少计收益的方式，使未分配利润的会计信息失真；也有些企业虚夸利润，故意多计收入少计费用，多计未分配利润，造成未分配利润的信息失真；

（2）有些企业不经过企业权力机构的批准就分配利润，有些企业将未分配利润用于发放奖金和职工福利，损害投资者的利益。

第4章
利润表相关科目常见财务舞弊手段

本章主要以收入、成本费用、利润三个科目进行介绍，这三个科目为财务舞弊常发科目，本章对其会计处理及实务处理都进行了详细的介绍，同时对不同科目相对应的常见财务舞弊手段进行了分类及详细介绍，配合相应案例介绍便于理解。

收入舞弊是指因企业的故意行为从而导致收入数据的真实性降低，使得企业经济活动资料的真实性降低。收入舞弊不外乎两种情况：一种是虚减收入，另一种就是虚增收入。收入舞弊的目的主要有：

1. 偷逃或骗取税款，获取最大收益，企业通过故意少记、漏记作为计税依据的业务收入以达到少交或不交税金的目的，这种情况在私营小企业中比较多见。

2. 为以后的盈利创造条件，主要出现在筹谋上市的企业或实行绩效考核的企业通常藏匿收入以降低基数。

3. 迎合市场预期或特定监管要求。例如，迎合资本市场上财务分析师对公司业绩的预期，或者迎合监管机构所设定的作为特定行为先决条件的"门槛"指标。

4. 牟取以财务业绩为基础的私人报酬最大化。例如，在管理层的私人报酬与被审计单位的财务业绩直接挂钩的情况下，往往会导致管理层出于追求私人报酬最大化的动机而虚增收入。

成本舞弊是利用成本会计上的某种处理技巧，达到抬高成本或抑低成本，人为地完成成本降低任务或提高经济效益的一种有意造成的错误。例如为了抑低产品成本，故意不摊或少摊材料价格超支差异，将本期生产费用计作待摊费用，将本期生产费用少分配给可比产品而多分配给不可比产品等。

利润舞弊通常来说就是虚增利润，对于上市公司来说，会给投资者传递公司业绩向好的虚假信息，抬高公司股价，给公司带来收益，即使不是上市公司，虚增利润也有利于公司融资贷款等活动的开展，有些工程审核上也需要公司达到某个利润值，只要虚增利润的预期收益大于因此需要多交的税金，对于公司来说就是有益的。提高利润对企业管理者来说，能得到更多的奖金，对于上市公司，有利于吸引股民投资。在融资方面，银行更愿意提供贷款。虚增利润是指不按照财务制度规定的要求进行核算，为了完成上级管理部门下达的年度利润计划，多反映经营成果，掩盖其真实情况，以及将不应在本期核算的某些收入采取提前入账的办法等人为操作以增加利润的行为。虚增利润采取了该提的不提、该列支的不列支、该摊的不摊、该核销的不核销、挂往来账或者调整会计科目的办法。

接下来，本章下文将详细对这三个科目的舞弊识别进行详细介绍。

4.1 收入

4.1.1 科目特点

收入是利润的来源，直接关系到企业的财务状况和经营成果，是企业在资本市场运作进行管理层舞弊的重大领域。根据《中国注册会计师审计准则第1141号——财务报表审计中与舞弊相关的责任》中要求注册会计师识别和评估舞弊导致的重大错误风险时，应当假定收入确认存在舞弊风险。2020年1月，中注协会修订了《中国注册会计师审计准则问题解答第1号——职业怀疑》等五项审计准则问题解答，明确了应对舞弊风险理应成为注册会计师最重要的审计目标之一，并做出收入确认存在舞弊风险的前置假设。因此，收入的确认已成为注册会计师审计的高风险领域。当舞弊主体认为舞弊动因充足时，就会付诸行动实施舞弊，舞弊过程通常包括三个环节：舞弊执行、隐藏和转化。第一个环节就是确定在哪方面进行舞弊，隐藏是指如何掩人耳目地进行舞弊，转化是指将舞弊痕迹永久地销毁于世，逍遥法外。被处罚的舞弊案例大都停留在第二阶段，或者处在进行第三个阶段，也就是在所谓"财务洗大澡"时被外界质疑或者被监管机构介入进行反舞弊调查。通过总结以往企业舞弊案例的基础上，将收入舞弊手段分为会计操纵和交易造假两种类型。会计操纵舞弊主要表现为上市公司管理层通过选择对自身更有利的会计判断，达到操纵业绩的目的，最常见的就是提前确认收入。交易造假舞弊主要表现为上市公司管理层虚构交易达到虚增收入的目的，最常见的、规模最大且破坏力最强的是通过关联方客户或者隐性关联方，串通合谋以虚构业务收入。2013~2021年，中国证监会发布的行政处罚公告中抽取了10家代表性的收入舞弊企业作为研究对象，对其收入舞弊行为模式在上述三个维度上进行归纳，如表4-1所示。

第4章 利润表相关科目常见财务舞弊手段

表4-1 三个维度的舞弊模式

造假公司/处罚文件[注1]	主营业务	舞弊期间	舞弊手法	虚增资产/负债项目	转化方式
万福生科 [2013]47号（湖南）	稻谷加工业	2008-2010 （IPO及上市期间）	1. 上市前，自有资金循环至体外，虚构采购与销售业务，虚增收入利润； 2. 上市后，虚构销售及采购合同	1. 虚增在建工程和存货； 2. 虚增预付款项； 3. 虚增应收账款	计提资产减值准备
绿大地 [2013]53号（云南）	农林牧渔/苗木培育	2007-2009 （IPO及上市期间）[注2]	1. 通过实际控制住的35家关联公司； 2. 以虚增土地款、灌溉系统工程采购等名义虚构该合同金额；3. 以老农户的名义农户收购	虚增固定资产、无形资产	1. 存货减值 2. 业绩变脸
新大地 [2013]53号（广东）	农副产品加工业/油茶加工业	2009-2011 （IPO期间）	1. 虚构"林昭青"的客户； 2. 真实销售客户体外又上虚增销售收入； 3. 隐瞒关联方，体内的资金体外空转一圈至体内实现虚增收入； 4. 控股股东体外注入资金，通过关联方、虚构收入、通过存货、固定资产、在建工程等采购合同将体外资金循环至体内； 5. 将股权转让协议、政府补贴款者个人向银行贷款等获取的资金转为成销售收入	1. 虚构原材料采购 2. 虚增固定资产（在建工程转固）	—

续表

造假公司/处罚文件[注1]	主营业务	舞弊期间	舞弊手法	虚增资产/负债项目	转化方式
大智慧 [2016] 88号（上海）	以软件终端为载体、以互联网为平台，向投资者提供及时、专业的金融数据和数据分析	2013年度（上市后）	1. 在承诺退款期届满之前确认收入，虚增收入； 2. 在合同义务实际履行之前按框架协议增加收入； 3. 以非收入型收款作为收入确认，将"打新股资金"、"保证金"等收款作为软件销售收入，虚增收入； 4. 延后确认2013年年终奖减少应计成本费用，虚增业务利润； 5. 虚构业务确认虚增收入； 6. 提前确认子公司合同虚增收入并虚增收入	1. 虚增应收账款 2. 虚减应付职工薪酬	—
九好集团 [2017] 85号（浙江）	后勤托管平台	2013–2015年（借壳上市期间）	1. 虚构服务合同，虚增收入； 2. 取消的虚增贸易收入	1. 虚增银行存款 2. 存在未入账关联方借款	—
雅百特 [2017] 102号（江苏）	建筑用护系统和分布式光伏业务	借壳上市后	1. 构建没有商业实质的自我交易，虚增出口收入； 2. 虚构客户及合同，利用关联方、虚增国内销售收入，制造没有物流的资金流； 3. 虚构境外工程项目，虚增海外项目收入	1. 虚增存货：完工未结算项目； 2. 虚增应收账款	—
圣莱达 [2018] 33号（浙江）	电工电气、电器	2015年报（上市期间）	1. 虚构财政补助虚增收入和利润； 2. 虚构版权转让业务，虚增收入和利润	虚减负债	—

第 4 章 利润表相关科目常见财务舞弊手段

公司（处罚文号）	主营业务	时间	营业收入舞弊手段	资产负债表相关舞弊手段	其他
康美药业〔2020〕24号（广东）	药品生产及经营	2016—2018年（上市期间）	虚构销售合同，虚增收入	1. 虚增货币资金；2. 虚增固定资产、在建工程和投资性房地产	1. 重大会计差错；2. 存货计提减值准备
康得新〔2020〕71号（江苏）	预涂技术研发和预备涂膜生产	2015—2018年（上市期间）	1. 通过关联方虚构销售业务；2. 虚构采购客户	1. 虚增固定资产、无形资产、预付账款；2. 虚增货币资金和应收账款	—
康尼机电〔2021〕54号[注2]（江苏、广州）	轨道交通产品的研发生产、消费电子产品	2015—2017年并购重组期间	1. 通过关联方虚构销售业务；2. 通过关联方虚构采购业务	虚增应收账款	—

[注1]：表中的处罚文件来自证监会网站。
[注2]：绿大地于2007年12月在中小板上市。
[注3]：舞弊主体实际为并购标的龙昕科技，其注册地和经营地在广州。

4.1.2 收入舞弊主要手段

1. 无中生有——虚构销售合同（/采购合同）

公司通过与其他关联方（包括已披露或未披露的关联方或者潜在的关联方）配合，或者虚构直接客户和供应商，签订虚假购销合同，并按照正常销售和采购制造单据及流水模拟空转，虚构收入及利润，该种收入舞弊行为多发生以下两种行业：

（1）轻资产的行业或者生产成本较低的行业。例如公司从事游戏运营业务，利用体外资金进行"刷单"，对其自有游戏进行充值以虚增收入。

（2）农林水产类等免税企业。

第一种行业的生产成本主要来源于人工和营运成本，原材料和存货成本占营业成本的比例相对较低；第二种行业，农业类存货具有难以核实的特点，自带迷惑性特质，可以根据收入、利润舞弊的需要直接在资产负债表上人为虚增或者减少存货，因此造假成本主要集中在在收入端；而且由于可以免税，很多单据可以自制，不收税控系统控制。因此与其他行业相比，这两个行业的造假成本比较低。事实也表明，早期的收入舞弊案例也多发生在农产品行业。

其他商业模式或行业的企业采用该种手段进行收入造假，若要不被发现，通常需要进行系统性造假，要在进、存、产、销等各个环节模拟正常运转形态，根据业务特征和财务信息特征在各个环节制造购销合同、入库单、检验单、生产单、销售单、发票等"真实"的形式票据，与事先设计好的做账凭证去对应，实现"票流、物流、资金流、税金"的"三流一税"式的产业链和流水线造假的理想境界，但是往往需要外部关联方予以配合，做到里应外合，隐蔽性强，但是舞弊成本比较高。在资本市场的巨大利益诱惑下，该舞弊手法应用范围已经非常广，甚至存在专门的造假团队该造假手段产业化，幕后帮助企业进行系统性造假。

2. 左右手倒手——制造无商业实质的自我购销交易

公司模拟正常的生产销售运转活动,人为制造没有商业实质的购销活动。例如公司将产品销售给其没有关联关系或者存在潜在关联关系的第三方,然后再由子公司将产品从第三方购回。这样,账面上既可以增加收入,亦无须伪造单据,伴随着实实在在的物流和资金流,隐蔽性非常强。典型的案例就是雅百特通过出口转内销的自我购、销虚增收入及利润。

3. 兑水掺假,化整为零——签订阴阳合同

为了粉饰业绩,在真实客户和真实销售的基础上虚构部分销售收入。虚构的销售掺杂在真实的合同销售中,例如虚增每件商品的实际销售价格或者虚增销售数量或者两者的组合,公司账面上对该客户确认的收入远远大于实际销售收入,但是虚增部分掺杂在真实的物流、资金流、票据流中,隐蔽性亦非常强不易被发现。例如万福生科就用利用现金交易和自制收据等交易模式的难以追溯性和查验性,在与农户真实交易的基础上进行造假,由于农户零散但数量又非常多的特点,对其收入造假起到了化整为零的掩护作用。

4. 卯吃寅粮——对收入不恰当分割

根据企业会计准则的要求,公司的会计信息披露是以对会计期间进行合理假设的基础上,同时销售收入也涉及销售期间进行归期的问题。公司为了调节各会计期间的经营业绩达到需要的业绩目标,往往对销售收入在销售期间进行不恰当的分割,提前或延后确认收入。实际舞弊案例中发生的情形包括:

(1)具有销售退货权的销售,尽管商品已经发出,根据会计准则,只能将估计不能发生退货的部分确认为收入,但公司为了增加业绩全额确认收入,例如大智慧;

（2）期末调整经销商库存以调整收入确认金额。

5. 张冠李戴——将其他性质的所得计入收入

为了满足特定的业绩要求，将其他交易形式实现的收入计入销售收入，指鹿为马，进行张冠李戴，凑业绩。包括：

（1）将股权处置款或者收到的政府补贴在会计处理上作为销售收入处理；

（2）通过提前合并收购的子公司，将合并报表上属于并购产生的损益或者资产化为营业收入。圣莱达和新大地两个案例就采用了这种舞弊手法。

4.1.3 收入舞弊识别方法

舞弊风险迹象，是注册会计师在实施审计过程中发现的、需要引起对舞弊风险警觉的事实或情况。存在舞弊风险迹象并不必然表明发生了舞弊，但了解舞弊风险迹象，有助于注册会计师对审计过程中发现的异常情况产生警觉，从而更有针对性地采取应对措施。

例如，被审计单位的产品具有一定的销售半径，如果存在超出半径的销售，则可能表明被审计单位存在收入舞弊。又如，被审计单位技术水平处于行业中端，但高端产品却占销售收入比重较大，可能表明被审计单位存在收入舞弊。

1. 销售客户方面出现异常情况，包括：

（1）销售情况与客户所处行业状况不符。例如，客户所处行业景气度下降，但销售却出现增长；又如，销售接近或超过客户所处行业的需求。

（2）与同一客户同时发生销售和采购交易，或者与同受一方控制的客户和供应商同时发生交易。

（3）交易标的对交易对手而言不具有合理用途。

（4）主要客户自身规模与其交易规模不匹配。

（5）与新成立的客户发生大量或大额的交易，或者与原有客户交易金额出现大额增长。

（6）与关联方或疑似关联方客户发生大量或大额交易。

（7）与个人、个体工商户发生异常大量的交易。

（8）对应收款项账龄长、回款率低下或缺乏还款能力的客户，仍放宽信用政策。

（9）被审计单位的客户是否付款取决于下列情况：

①能否从第三方取得融资；

②能否转售给第三方（如经销商）；

③被审计单位能否满足特定的重要条件。

（10）直接或通过关联方为客户提供融资担保。

2. 销售交易方面出现异常情况，包括：

（1）在临近期末时发生了大量或大额的交易；

（2）实际销售情况与订单不符，或者根据已取消的订单发货或重复发货；

（3）未经客户同意，在销售合同约定的发货期之前发送商品或将商品运送到销售合同约定地点以外的其他地点；

（4）被审计单位的销售记录表明，已将商品发往外部仓库或货运代理人，却未指明任何客户；

（5）已经销售的商品在期后有大量退回；

（6）交易之后长期不进行结算。

3. 销售合同、单据方面出现异常情况，包括：

（1）销售合同未签字盖章，或者销售合同上加盖的公章并不属于合同所指定的客户；

（2）销售合同中重要条款（例如，交货地点、付款条件）缺失；

（3）销售合同中部分条款或条件不同于被审计单位的标准销售合同；

（4）销售合同或发运单上的日期被更改；

（5）在实际发货之前开具销售发票，或实际未发货而开具销售发票；

（6）记录的销售交易未经恰当授权或缺乏出库单、销售发票等证据支持。

4. 销售回款方面出现异常情况，包括：

（1）应收款项收回时，付款单位与购买方不一致，存在较多代付款的情况；

（2）应收款项收回时，银行回单中的摘要与销售业务无关；

（3）对不同客户的应收款项从同一付款单位收回。

5. 被审计单位通常会使用货币资金配合收入舞弊，注册会计师需要关注资金方面出现异常情况，包括：

（1）通过虚构交易套取资金；

（2）发生异常大量的现金交易，或被审计单位有非正常的资金流转及往来，特别是有非正常现金收付的情况；

（3）货币资金充足的情况下仍大额举债；

（4）被审计单位申请公开发行股票并上市，连续几个年度进行大额分红；

（5）工程实际付款进度快于合同约定付款进度；

（6）与关联方或疑似关联方客户发生大额资金往来。

6. 其他方面出现异常情况，包括：

（1）采用异常于行业惯例的收入确认方法；

（2）与销售和收款相关的业务流程、内部控制发生异常变化，或者销售交易未按照内部控制制度的规定执行；

（3）通过实施分析程序发现异常或偏离预期的趋势或关系，本问题解答问题四对分析程序作出进一步解释；

（4）被审计单位的账簿记录与询证函回函提供的信息之间存在重大或异常差异；

（5）在被审计单位业务或其他相关事项未发生重大变化的情况下，询证函回函相符比例明显异于以前年度；

（6）被审计单位管理层不允许注册会计师接触可能提供审计证据的特定员工、客户、供应商或其他人员。

【案例4-1】关联公司构建闭环，虚增收入财务造假

一、背景介绍

新疆YL实业控股股份有限公司（后简称"YL公司"），前身为重庆SW股份有限公司，成立于1998年9月28日，并于1999年9月在上海证券交易所上市，属于建筑材料类公司，是专业卫浴上市公司，也是国内极少数掌握保洁釉抗菌卫生洁具的生产厂商，且公司还是国内获得中国名牌和国家质量免检产品的卫浴公司之一。

但在长达将近23年的上市历程中，公司几易其主，注册地流转于重庆、上海、贵州、新疆，但其经营业绩不尽人意，似乎一直稳步走着下坡路。特别是近年来，YL公司主营业务空壳化越发严重，规范运作差，公司治理混乱，违法违规事项层出不穷。在"披星戴帽"的状态下，YL公司逐步走向了末路。如今真相水落石出，YL公司于2018年、2019年连续两年将相关资金形成闭环从而虚增收入等财务造假行径已经坐实，且经追溯调整后已触及重大违法强制退市指标。

二、案例分析

（一）通过资金闭环虚增收入

证监会下发的《行政处罚决定书》显示，YL公司2018年、2019年年报存在虚假记载。现有调查已证实，YL公司利用资金闭环形成虚假交易，其财务造假手段极为恶劣。

2018年，YL公司的子公司HJ与AX商贸签订铁精矿销售合同，确认营业收入1 338.54万元；同日，HJ与ST投资签订铁精矿采购合同，确认营业成本1 209.43万元。但经监管部门查实，AX、ST投资的实际控制人均为YL公司实际控制人黄伟的好友贺某。事实上，YL公司在与AX的贸易过程中并未转移相关商品控制权，在与ST投资的采购业务中也未取得相关商品控制权，取而代之的是相关资金在AX、HJ、ST投资之间循环形成闭环，并未使经济利益真正流入HJ。由此可见，相关销售合同并不具有商业实质，不符合《企业会计准则——收入》第五条关于收入确认的条件（如图4-1所示）。总之，2018年YL公司通过与好友公司的虚假交易，虚增营业收入1 338.54万元，虚增利润额129.11万元，其占比高达当年营业收入的100%，利润总额的7.80%。

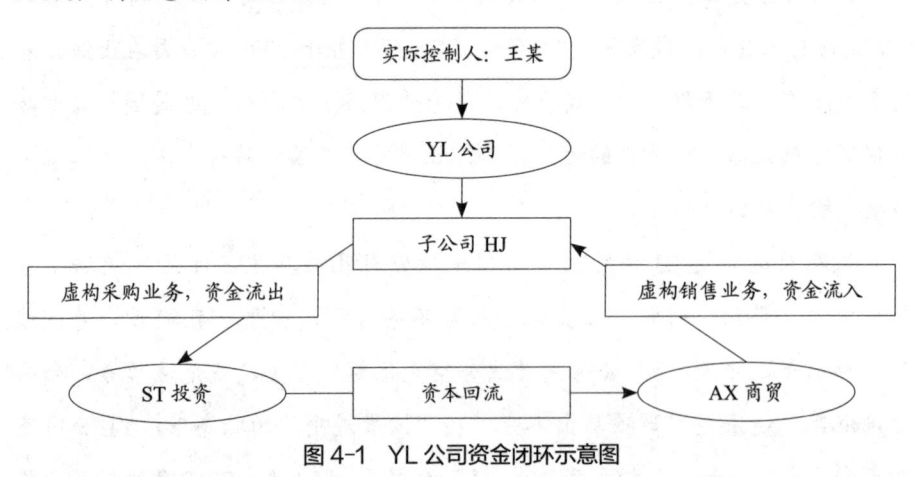

图4-1　YL公司资金闭环示意图

类似的造假行径同样出现在了第二年的年度报告中，2019年，YL公司子公司HJ根据与AX的销售合同确认营业收入212.66万元，根据与ST投资签订的采购合同确认营业成本214.45万元，该笔业务实质仍为通过资金闭环虚增收入。此外，YL公司在2019年新增了财务造假路径，其孙公司DS在实际并未提供物业管理服务，也未实际获取经济利益流入的情况下确认了物业管理收入229.7万元，最终，加之其他已查实的造假行为，YL公司于2019年虚增营业收入572.36万元、营业外收入7 590万元、利润总额7 924.82万元，虚增营业收入、利润总额分别占当年披露营业收入和利润总额的 55.13%、253.78%（如表 4-2 所示）。

表 4-2 YL 公司财务造假数据

	虚增营业收入（万元）	占当年营业收入比例	虚增利润总额（万元）	占当年利润总额的比例
2018 年	1 338.54	100%	129.11	7.8%
2019 年	572.36	55.13%	7 924.82	253.78%

数据来源：2018 年、2019 年 YL 公司年度报告。

根据证监会《行政处罚决定书》认定，YL 公司存在 2018 年度和 2019 年度虚增营业收入的情况。扣除虚增营业收入后，公司 2018 年、2019 年、2020 年连续三个会计年度实际营业收入均低于 1 000 万元，且于 2020 年被出具保留意见的审计报告，已触及重大违法强制退市指标，公司股票应当被实施重大违法强制退市措施。

（二）走向末路早有预兆

1. 从公司层面来看

近年来，YL 公司持续经营能力弱，主营业务空壳化越发严重，公规范运作差，公司治理混乱，违法违规事项层出不穷。2015 年以来，YL 公司及相关负责人已经被证监会行政处罚 3 次，被上交所纪律处分 5 次，违规事项包括重大债务、关联交易及关联担保等重大事项均存在未披露情形。

此外，公司收入的真实性也可从其数额本身发现疑点。根据 2020 年退市制度改革前的营业收入指标，上市公司最近一个会计年度经审计的营业收入或者被追溯重述后低于 1 000 万元的，应对其股票实施退市风险警示；连续两年触及该指标的，其股票应暂停上市；连续三年触及该指标的，其股票则应终止上市。2018 年、2019 年，YL 公司于当年披露的营业收入均呈现为略超过 1 000 万元，由此可见，YL 公司此番财务造假行径的最终意图在于满足保壳需求，规避退市风险。

2. 从审计视角来看

近几年，YL 公司均被出具了保留意见等非标准意见的审计报告，公司于2018年甚至被出具了无法表示意见的审计报告。但随后，YL公司改聘T会计师事务所为年度审计机构，而2019年及2020年的审计意见也随之变为保留意见。经查明，YL公司不仅进行财务造假，还存在购买审计意见的违规行为。

作为一家原本默默无闻、本地排名215位、无证券从业经验的深圳本地中小事务所，T会计师事务所在明知YL公司年报审计业务已被其他会计师事务所"拒接"的情况下，与YL公司签订协议承诺不在审计报告中出具"无法表示意见"或"否定意见"，并要求如果发生被监管部门处罚的情形，YL公司应予补偿，并最终出具了A股首份无证券经验会所出具的审计报告。T会计师事务所也因此历经交易所多次"灵魂拷问"，并最终被证监会立案调查。2022年1月，证监会公告拟对T采取"没一罚六"的行政处罚，原因和YL公司此前的年报审计紧密相关。

根据《股票上市规则》所规定的审计意见类型指标，上市公司最近一个会计年度的财务会计报告被会计师事务所出具否定意见或无法表示意见的，应对其股票实施退市风险警示；连续两年触及该指标的，其股票应暂停上市；连续三年触及该指标的，其股票则应终止上市。T按时给出年报，且给出"保留意见"，使YL公司暂时逃过暂停上市。由此可见，YL公司购买审计意见的意图也在于规避退市风险。

3. 从监管部门来看

监管部门此前多次发函提示风险。上交所对YL公司长期高度关注，此前频繁发函问询。2018年以来，上交所向YL公司发出约50封问询函，其中关于定期报告的事后审核问询函约10封，多次向市场提示公司业务真实性及资金往来存在重大风险。

截至2022年2月26日，YL公司已经18次拉响了退市警报。2021年10月23日，YL公司公告称，公司可能触及营业收入3年低于1 000万元的重大违法退市情形。此后，YL公司根据《股票上市规则》相关规定，每5个交易日披露一次可能触及重大违法强制退市情形被终止上市的风险提示公告。

三、总结与启发

早在 2018 年 11 月,沪深交易所就明确了包括年报造假规避退市在内的 4 种重大违法退市情形,而经过 2020 年的退市制度改革,重大违法退市规则体系已日趋成熟,释放出了较明显的打击财务造假的信号。在此背景下,YL 公司仍顶风作案,企图通过虚构交易、物业管理等业务,增加营业收入以规避财务类退市指标,YL 公司也因此被强制退市,这也体现了监管部门执行退市新规以及打击财务造假的决心。

对于证监会而言,应强化财务造假处罚力度,通过法治途径实施有效的全程监管,对严重扰乱市场秩序、触及退市情形的公司做到"应退尽退",促进形成优胜劣汰的市场机制;对于上市公司而言,保证财务信息真实透明是其法定责任和应尽义务,应加强内部控制,规范信息披露行为,提高公司治理质量,杜绝财务造假行为,讲好证券市场故事。

4.2 成本费用

4.2.1 成本舞弊

成本舞弊是利用成本会计上的某种处理技巧,达到抬高成本或抑低成本,人为地完成成本降低任务或提高经济效益的一种有意造成的错误。例如为了抑低产品成小,故意不摊或少摊材料价格超支差异,将本期生产费用计作待摊费用,将本期生产费用少分配给可比产品而多分配给不可比产品等。

通常来说,成本舞弊常发生于"主营业务成本"的记录核算中,"主营业务成本"是指企业销售商品、提供劳务等经常性活动所发生的成本该科目在审计中占有非常重要的地位。其核算是否正确、合规关系到许多其他报表项目的审计如存货、主营业务收入、应付账款、应交税费、应交所得税等故应引起注册会计师的重视。

1."主营业务成本"的舞弊形式

"主营业务成本"的舞弊形式多样例如变更材料计价方法来调整生产成本将管理费用计入营业成本等概括起来有四种。

（1）通过材料成本进行舞弊。

原材料成本是主营业务成本的重要组成部分，是企业成本核算的第一步，也是潜在问题较多的项目。比较容易实施舞弊常见手法有五种。

①随意变更计价方法。

在实务中企业应根据产品生产过程的特点、生产经营组织的类型、产品种类的繁简来选择适当的计价方法。但不可否认一些企业确实存在利用变更材料计价方法来调整成本的现象。例如，原本采用先进先出法计量的企业在发现原材料价格有上涨趋势时就调整为一次加权法。

②违规分摊成本。

一些企业为了调减原材料成本有可能会将原本应计入采购成本的部分转入当期损益。例如原材料的运杂费、挑选整理费和运输中的合理损耗等。与此同时，也可能在一次性采购不同材料时将采购成本的大部分或全部归入其中某种材料中从而调减其他材料的成本。

另外，采用计划成本法的企业也可能通过调节成本差异率的方式来调整产品成本。

③利用盘存差异。

存货的仓储保管也是不容小觑的一环，管理层应制定合理的存货盘点计划确定合理的存货盘点程序，并对原材料账面数额与实际数额之间的差异进行恰当处理。但在实务工作中一些企业却利用存货盘点的盈余或亏损实施舞弊将其看作调节利润的"备胎"。

例如，如果企业年终利润尚可为了减少赋税就会处理积压的原材料盘亏，反之则处理盘盈，更有甚者在处理过后仍然保留"进项税额"以期进一步减少赋税。

④毁损不报。

虚盈实亏一般情况下如果发现储存的原材料毁损会将其处置收支在扣除账面价值和相关税费后计入当期损益，但是如实反映材料毁损状况特别是比较严重、范围较大的材料毁损会使企业的利润大幅下降从而影响企业形象或员工福利。因此一些企业为了维持盈利的"假象"通常就不会将材料毁损的真实情况公布，甚至将其结转至下一年度不惜为将来埋下潜亏的隐患。

⑤通过虚假出库提高成本。

领发料凭证的传递是生产业务的关键点之一，应对其进行严格控制但在实际操作中办理虚假出库手续以提高成本、逃避税收的情况并不罕见。实施舞弊的企业通常以生产或车间维修等理由伪造领料单，再将虚构的成本在年末转入销售成本，以此虚减利润从而达到逃税的目的。

（2）通过人工成本进行舞弊。

相比于计件工资制使用计时工资制核算生产员工工资的企业可能有更多机会实施舞弊。在许多舞弊案例中，注册会计师都会发现利用工时来调节人工成本的蛛丝马迹，特别是加班工时的核算随意性较大较为容易操作。另外，将管理部门员工的福利费或差旅费等本应计入管理费用的支出列入"主营业务成本"也是企业的常用舞弊手段之一。

（3）通过制造费用进行舞弊。

①混淆制造费用和期间费用。

制造费用是生产成本的一部分与管理费用、销售费用、财务费用等期间费用性质不同，然而一些企业为了调节利润故意将两者混淆。例如将本应计入"管理费用"的固定资产折旧费用计入"制造费用"账户中，等到月末时再将其转入生产成本以减少期间费用虚增利润。同样，将制造费用计入期间费用也可达到调节利润的目的。

②利用成本费用舞弊企业对应摊销或应预提的成本费用进行不当干预

这两种方法都可以达到调整利润、实施舞弊的目的。例如待摊费用不按受益期间和受益对象摊销少提或不提贷款利息报废损失、不计入成本而长期挂账，人为降低折旧率和缩小折旧范围，少提或不提固定资产折旧等。

③随意变更折旧方法。

固定资产折旧方法的确定主要考虑与其有关经济利益的预期实现方式，且一经确定不得随意变更。但有些企业为了调节利润就会在折旧方法、折旧年限和残值率上下功夫。例如降低固定资产残值率就可以多提折旧少计利润；擅自更改资产折旧方法，比如将平均年限法更改为年数总和法同样可以加速折旧。

（4）通过在产品和产成品的成本分摊进行舞弊。

①违规结转成本。

这种舞弊形式常见于分期收款销货适用于交易金额大、收款期限长、风险大的大宗商品交易。但就我国目前情况而言普遍使用现值计量的条件还不具备，因此企业通常按照合同约定的收款日期分期确认销售收入，这就为部分企业随意结转成本虚增或虚减利润创造了机会。更有甚者，只记收入不结转成本使利润大幅虚增。

②调整分配方法。

本月各项生产费用在经过归集、分配后汇总计入"生产成本——基本生产成本"科目及其所属的明细账目中如果月末有产品没有完工该明细账中归集的费用之和，就要在完工产品与在产品之间进行分配，此时如果在分配方法上稍做调整就可能达到调节利润的目的，例如将在产品的完工程度由80%调整为65%，使完工产品成本分配数额比应分配数额多，从而调减利润。

2."主营业务成本"的审计程序

随着经济的发展和科技的进步现代化的企业越来越多产品的工艺流程

也越来越复杂，这就使得成本核算变得更加困难。如果遇到舞弊手法娴熟的被审计单位再加上对客户业务了解不透彻、独立性缺失、关联交易频繁等问题使得注册会计师无法正确审计"主营业务成本"这一科目可能会造成巨大的负面影响，有损财务报表的公允性。因此注册会计师应重视"主营业务成本"的审计对其审计程序、控制测试和实质性测试三个方面的内容重点把握。

4.2.2 费用舞弊

期间费用包括：管理费用、营业费用（或销售费用）、财务费用。

直接费用和间接费用

1. 直接费用：指企业为生产某一定种类和一定数量的产品所发生的成本费用。包括直接材料费和直接人工费。

（1）直接材料：指直接用于产品生产，构成产品实体的原料、主要材料、外购半成品及有助于产品形成的辅助材料和其他直接材料。

（2）直接人工费：指直接参加产品生产的工人工资以及按生产工人工资总额和规定的比例计算提取的职工福利费。

2. 间接费用：是指不能直接计入产品生产成本的费用。制造费用是最主要的间接费用，它核算企业为生产产品和提供劳务而发生的各项间接费用，包括车间管理人员的工资和福利费、折旧费、修理费、办公费、水电费、机物料消耗、劳动保护费等。

期间费用常见舞弊手段

1. 管理费用的舞弊手段

（1）将超法规的支出列入管理费用。

这种舞弊手段的表现为：

①企业将自己的固定资产或者无形资产的购置列入了企业管理费用账目当中；

②有些企业为了一己之私对政府相关人员进行行贿，将行贿费用以管理费用的名义列入账簿中；

③一些企业的负责人给自己支付较低的工资（低于缴纳所得税工资标准），另外虚构职工人数，给非企业职工的家庭成员发放工资，将发放的工资列入管理费用中。

（2）将列入固定资产的费用列入开办费中。

将列入固定资产的费用列入开办费中，这样就可以虚增管理费用，虚减利润，达到少缴纳税款的目的。

（3）管理费用的结转不按照规定全部转作当期损益。

有些企业没有完全将管理费用转作当期损益，将其部分计入产品成本或转入下期。目的就是想调节利润。

（4）把应计入成本的运输费列入管理费用。

企业购入固定资产、专项投资用的材料和设备的运输费应计入设备或材料的成本，但有些企业却将这部分运输费列入管理费用中。

（5）不按规定摊销无形资产。

企业的无形资产摊销都记入"管理费用"，但有些企业为了调节期末利润，人为地多摊或少摊无形资产，从而多计或少计费用，以达到其目的。

（6）任意扩大开支，提高费用。

按照规定，各项开支均有标准，但在实际工作中，却存在着许多乱计费用的问题。有些企业为了自身的经济利益，任意扩大开支范围和提高开支标准，从而提高企业费用水平，如管理费用水平，从而减少当期利润。

（7）将管理费用计入生产成本，或将生产成本计入管理费用。

2. 财务费用的舞弊手段

（1）将利息转入小金库。

（2）摊销方法前后不一致。

（3）利息支出的处理不合理。

（4）汇兑损失。

①有些企业列支的汇兑损益根本没有发生；

②汇兑损益的计算不正确，前后采用的计算方法不一致；

③将不同数量的外币之间的记账本位币差额当成汇兑损益；

④有些企业人为地将筹建期间发生的汇兑损失计入生产经营期间的汇兑损失。

（5）手续费。

有些企业支出的部分手续费不合理、不合法，用于不正当的用途；而有些企业将应列入其他费用项目的或者应在前期、下期列支的手续费计入当期财务费用。

3. 销售费用的舞弊手段

（1）虚报销售费用。

主要有以下三类情况：

①在产品价格调整时，厂家会清点库存，然后进行差价补偿。业务人员就会伙同经销商，虚报库存数量，以获取更多的补偿。

②在产品出现质量事故需要赔付时，为减少事故的负面影响，企业一般都会要求经销商及当地业务人员尽快处理，具体的赔偿由经销商先行垫付，再由企业补偿。许多经销商趁机联合厂家的驻地业务人员，虚报赔偿额度。

③在终端销售费用支付时，经销商或业务员夸大支出，从而套取企业费用。

（2）变卖促销品。

经销商将厂家所下拨的促销品和赠品进行变卖，这是经销商最常用的手段，虽然每一次变卖数目不大，但是积累起来数目就不小，从而使企业的销售费用大增。

（3）销售费用的结转不正确。

有些企业不按照规定结转产品销售费用，多转、少转或不转销售费用，从而人为地调节利润。

（4）制造假账。

在进行区域型的有奖促销活动时，经销商会联合企业的业务人员，把有价值的奖项全部提前找出，再伪造消费者的中奖记录，向企业申领。或者是编造消费者返单记录，夸大补偿消费者的数量，申报更多的补偿品，随即变价销售。

4.3 利润

利润表，亦称损益表，是总括反映企业在一定时期（年度、季度或月份）内利润（或亏损）形成情况的会计报表。它反映了企业收入、成本、费用、税收情况，揭示了企业利润的构成和实现过程，是企业内外部相关利益者了解企业经营业绩的主要窗口。通过利润表可以了解企业某一期间实现净利润或发生亏损情况，分析企业利润计划的执行情况及利润增减变化的原因，评价企业经济效益高低，判断企业的盈利能力以及未来的盈利趋势。利润表的格式有单步式和多步式两种。单步式利润表是指将所有收入汇总合计，将所有费用支出汇总合计，然后两者相减计算得出本期利润。因为只有一个相减的步骤，故称为单步式。其优点是简明易懂，但所提供信息较少，不便于分析收益的构成等情况。多步式利润表将不同收入与费用项目分别加以归类，按企业损益构成的内容列示，分步反映净收益。

我国《企业会计准则》规定，我国企业利润表采用"四步式"。

第一步，计算主营业务利润。

即主营业务利润＝主营业务收入－主营业务成本－主营业务税金及

附加。

第二步，计算营业利润。

即营业利润＝主营业务利润＋其他业务利润－管理费用－财务费用－营业费用。

第三步，计算利润总额。

即利润总额＝营业利润＋投资收益＋营业外收入－营业外支出。

第四步，计算净利润。

即净利润＝利润总额－所得税。

多步式利润表虽然编制烦琐，但能将经营活动和非经营活动分开列示，既符合配比原则，又有利于信息使用者对企业经营业绩进行分析、评价和预测。利润表的编制：主要根据损益类账户的本期实际发生数和累计发生数分别填列。

4.3.1 利润表舞弊的形式与审计

1. 利润表的舞弊主要形式

利润表的舞弊主要有以下形式：一是对利润表的编制依据进行舞弊。有的单位不是按照"四步式"依次分步计算收益，而是故意按"单步式"将所有收入汇总合计，将所有费用支出汇总合计，然后将两者相减计算得出本期利润，造成不便于分析收益的构成等情况。二是对利润表的编制进行舞弊。具体形式为：舞弊利润表的格式，采用非法定格式的报表编制利润表；舞弊利润表的"本月数"和"本年累计数"，故意使"本期"表内各项目的"本月数"和"本年累计数"与"上期"表中的"本月数"和"本年累计数"各项目数据不协调；舞弊利润表的重点项目；舞弊利润表的内容，使利润表各项目的数据不真实。三是对利润表的勾稽关系进行舞弊。由于利润表反映了企业在某一时期的经营情况，它所反映的内容不仅在本表内有不少项目存在勾稽关系而且与其他会计报表的项目和相关账户也存在勾稽关系。因此，有的单位人为地对利润表的内部联系、与其他会计报表和相关账户的勾稽关系进行舞弊。

2. 利润表的审计

为了如实反映经济业务的发生和完成情况，充分发挥会计的监督职能，保证会计信息的可靠，应严格审计利润表的以下关键点：第一，审计利润表的编制依据是否符合规定。第二，审计利润表的编制是否正确。包括：利润表的编制是否符合要求，如利润表的"本月数"是否根据各有关账户的本月发生额直接填列，"本年累计数"反映的是自年初起到本月止的累计发生数，是否根据上月利润表的"累计数"加上本月利润表的"本月数"计算填列；利润表中的重点项目是否存在异常或可疑，如发现某项目的比重不正常（偏大或偏小，或与前期数据相比较，发现其差异较大，或与企业的经济活动情况不相符合）则应把这些项目作为重点审计对象；利润表内项目的填写是否齐全，有无漏填或错行错格。第三，审计利润表的勾稽关系是否正确。从三个方面判断：一是利润表内的勾稽关系是否正确。审计表内项目的填列是否完备，有无漏填、错填之处，其计算是否按规定的步骤进行。如：主营业务利润是否等于主营业务收入减主营业务成本减主营业务税金及附加。营业利润是否等于主营业务利润加其他业务利润减管理费用减财务费用减营业费用。利润总额是否等于营业利润加投资收益加营业外收入减营业外支出。净利润是否等于利润总额减所得税。如果上述勾稽关系不存在。则说明编表可能存在舞弊，须查明原因。二是利润表与其他会计报表的勾稽关系是否正确。核对利润表与利润分配表之间相关项目的数字是否正确。核对利润表与资产负债表之间相关项目的数字是否正确。利润分配表中"未分配利润"项目与利润表中"未分配利润"项目有对应关系，两者金额应相等。三是利润表与其相关账簿记录间勾稽关系是否正确。利润表是根据有关账户的期末余额填列的，所以要审计利润表各项目的金额与有关明细账账户的期末余额是否一致,利润表各项目的金额与总账的本期发生额及余额是否相等。

3. 利润分配表舞弊的形式与审计

利润分配表是反映企业一定会计期间对实现的净利润以及以前年度未分配利润的分配或者亏损弥补情况的报表。利润分配表中的有关数字,主要来源于"利润分配"账户所属各明细账户的本年度发生额,所以在编制利润分配表时,可对"利润分配"账户所属的各明细账户的发生额进行分析,据以编制利润分配表。通过该表既可以了解企业由于获取利润增加的所有者权益数,也可以了解企业资本的保全情况。利润分配表可以是利润表的一部分(利润分配表作为利润表的附表),也可以是一张独立的报表。利润分配表一般是每年编制一次。利润分配表的编制从企业净利润额开始,在净利润的基础上加年初未分配利润和盈余公积转入部分,即为企业可供分配的利润。可供分配的利润应按国家规定、企业章程和董事会决议进行分配。可供分配利润减去已分配利润即为未分配利润。用公式表示为:

可供分配利润=净利润+年初未分配利润已分配利润=提取盈余公积+
　　应付利润(股利)未分配利润=可供分配利润-已分配利润

为了便于与上年度利润分配情况进行对比,利润分配表设有"上年实际"和"本年实际"两栏。"上年实际"栏根据上年利润分配表填列。"本年实际"栏,根据当年"利润分配"账户及其所属明细账户记录分析填列。

(1)利润分配表的舞弊形式。

利润分配表的舞弊主要有以下形式:

一是对利润分配表的编制进行舞弊。

其一,舞弊利润分配表的"上年实际"和"本年实际",故意使"上年实际"与其上年利润分配表、"本年实际"与其当年"利润分配"账户及其所属明细账户的数据不一致。

其二，舞弊可供分配的利润，有意少计或多计可供分配的利润。如多列或少列"净利润"和"年初未分配利润"。

其三，舞弊"罚没财物的损失"和"滞纳金"，有意将罚没财物的损失和纳税过程中的滞纳金等改为税前列支。

其四，舞弊未分配利润，如对"股利"和"股息"进行舞弊，有意不按规定分配股利和股息。对有关基金进行舞弊，任意提取法定盈余公积、公益金和任意盈余公积等。

二是对利润分配表的勾稽关系进行舞弊。由于利润分配表反映的是企业一定会计期间对实现的净利润以及以前年度未分配利润的分配或者亏损弥补情况，它所反映的内容不仅在本表内有不少项目存在勾稽关系，而且与其他会计报表的项目和相关账户也存在勾稽关系。因此，有的单位人为地对利润分配表的内部联系、与其他会计报表和相关账户的勾稽关系进行舞弊。

（2）利润分配表的审计。

为了如实反映经济业务的发生和完成情况，充分发挥会计的监督职能，保证会计信息的可靠，应严格审计利润分配表的以下关键点：第一，审计利润分配表的编制是否正确。包括："可供分配利润"和"未分配利润"的填列是否正确。第二，审计利润分配表的勾稽关系是否正确。包括：利润分配表内存在的勾稽关系是否正确。如："未分配利润"是否根据"可供分配利润"扣除"已分配利润"填列。"利润分配表与其他会计报表的勾稽关系是否正确。如："净利润"是否根据企业全年实现的税后净利润额填列，其数字是否与"利润表"中的"本年累计数"一致。利润分配表与相关账户存在的勾稽关系是否正确。"提取盈余公积"是否根据"利润分配"账户所属明细账户"提取盈余公积"账户的本年累计发生额填列。"应付股利"是否根据"利润分配"账户所属明细账户"应付利润（股利）"账户的本年累计发生额填列等。

4.3.2 案例分析

【案例 4-2】虚增现金收入的 GX 案

1994 年 6 月上市的 GX 公司，曾因其骄人的业绩和诱人的前景而被称为"中国第一蓝筹股"。2019 年 8 月，GX 虚构财务报表事件被曝光。专家意见认为，其出口德国 CX 贸易公司的为"不可能的产量、不可能的价格、不可能的产品"。以天津 GX 萃取设备的产能，即使通宵达旦运作，也生产不出所宣称的数量；天津 GX 萃取产品出口价格高到近乎荒谬；对德出口合同中的某些产品，根本不能用二氧化碳超临界萃取设备提取。

1. 疑点

（1）利润率高达 46%（2018 年），而深沪两市农业类、中草药类和葡萄酿酒类上市公司的利润率鲜有超过 20% 的。

（2）如果天津 GX 宣称的出口属实，按照我国税法，应办理几千万的出口退税，但年报里根本找不到出口退税的项目。2018 年公司工业生产性的收入形成毛利 5.43 亿元，按 17% 税率计算，公司应当计交的增值税至少为 9 231 万元，但公司披露 2018 年年末应交增值税余额为负数，不但不欠，而且还没有抵扣完。

（3）公司 2018 年销售收入与应收款项保持大体比例的同步增长，货币资金和应收款项合计与短期借款也保持大体比例的同步增长，考虑到公司当年销售及资金回笼并不理想，显然公司希望以巨额货币资金的囤积来显示销售及回款情况。

（4）签下总金额达 60 亿元合同的德国 CX 公司。

只与 GX 单线联系，据称为一家百年老店，但事实上却是注册资本仅为 10 万马克的一家小型贸易公司。

（5）原材料购买批量很大，都是整数吨位，一次购买上千吨桂皮、生姜，整个厂区恐怕都盛不下，而库房、工艺不许外人察看。

（6）萃取技术高温高压高耗电，但水电费 2017 年仅 20 万元，2018 年仅 70 万元。

（7）2016 年及之前的财务资料全部神秘"消失"。

2. 造假与违规情况

2020 年 5 月中国证监会对 GX 的行政处罚决定书认定，公司自 2016 年至 2019 年期间累计虚增利润 77 156.70 万元，其中：2016 年虚增 1 776.10 万元，由于主要控股子公司天津 GX2016 年及之前年度的财务资料丢失，利润真实性无法确定；2017 年虚增 17 781.86 万元，实际亏损 5 003.20 万元；2018 年虚增 56 704.74 万元，实际亏损 14 940.10 万元；2019 年 1~6 月虚增 894 万元，实际亏损 2 557.10 万元。从原料购进到生产、销售、出口等环节，公司伪造了全部单据，包括销售合同和发票、银行票据、海关出口报关单和所得税免税文件。2019 年 9 月后，因涉及 GX 利润造假案，深圳 ZT 这家审计最多上市公司财务报表的会计师事务所实际上已经解体。财政部亦于 9 月初宣布，拟吊销签字注册会计师刘某、徐某的注册会计师资格；吊销 ZT 会计师事务所的执业资格，并会同证监会吊销其证券、期货相关业务许可证，同时，将追究 ZT 会计师事务所负责人的责任。

3. 造假流水线

据庭审记录，2017 年 11 月，董某接到了 GX（银川）实业有限公司财务总监、总会计师兼董事局秘书丁某的电话，要求他将每股的利润做到 0.8 元。董某便进行了相应的计算，得出天津 GX 公司需要制造多少利润，进而根据这一利润，计算出天津 GX 需要多大的产量、多少的销售量以及购多少原材料等数据。2017 年的财务造假从购入原材料开始。董某虚构了北京 RJ 商贸有限公司、北京市 JT 商贸有限公司、北京市 DF 技术研究所等单位，让这几家单位作为天津 GX 的原材料提供方，虚假购入萃取产品原材料蛋黄粉、姜、桂皮、产品包装桶等物，并到黑市上购买了发票、汇款单、银行进账单等票据，从而伪造了这几家单位的销售发票和天津 GX 发往这几家单位的银行汇款单。有了原材料的购入，也便有了产品的售出，董某伪造了总价值 5 610 万马克的货物出口报关单四份，德国 JF 公司北京办事处支付的金额

5 400万元出口产品货款银行进账单三份。为完善造假过程,董某又指使时任天津GX萃取有限公司总经理的阎某伪造萃取产品生产记录。于是,阎某便指使天津GX职工伪造了萃取产品虚假原料入库单、班组生产记录、产品出库单等。最后,董某虚构天津GX萃取产品出口收入23 898.60万元。该虚假的年度财务报表经深圳ZT会计师事务所审计后,并入GX公司年报,GX公司向社会发布的虚假净利润高达12 778.66万元。2018年,财务造假行动继续进行,只是此次已不再需要虚构原材料供货方。董某伪造了虚假出口销售合同、银行汇款单、销售发票、出口报关单及德国CX贸易公司支付的货款进账单,同时同样指使天津GX职工伪造了虚假财务凭据。结果,2018年天津GX共虚造萃取产品出口收入72 400万元,虚假年度财务报表由深圳ZT会计师事务所审计,注册会计师刘某、徐某签署无保留意见后,向社会发布虚假净利润41 764.6 431万元。2019年年初,为进一步完善造假程序,董某虚报销售收入从天津市BC国税局领购增值税专用发票500份。除向正常销售单位开具外,董某指使天津GX公司职员付树通以天津GX公司名义向天津禾源公司(系天津GX公司萃取产品总经销)虚开增值税专用发票290份,价税合计22 145.6 594万元,涉及税款3 764.7 619万元,后以销售货款没有全部回笼为由,仅向BC区国税局交纳"税款"500万元。2019年5月,为中期利润分红,GX总裁李某以购买设备为由,向上海金尔顿投资公司借款1.5亿元打入大津禾源公司,又以销售萃取产品回款的形式打回天津GX账户,随后其中1.25亿元以天津GX利润的形式上交GX公司。据董某当庭供述,在造假过程中,部分财务单据及所涉及的银行公章,是其在电脑上制作出来的。这样,依据庭审及起诉书,GX造假是一个由李某同意、丁功民授意、董某实施、阎某协助,以及刘某、徐某"明知"有假而不为的过程。

4. 真相

(1) GX编制合并报表时,未抵销与子公司之间的关联交易,也未按股权协议的比例合并子公司,从而虚增巨额资产和利润。注册会计师未能发现或报告有关重大虚假问题，违反了《独立审计实务公告第5号——合并会计报表审计的特殊考虑》的相关要求。例如：第二章"编制审计计划时的特殊考虑"第四条规定，注册会计师应当了解合并会计报表的编制范围、集团内公司间的股权关系、集团内公司间交易频率、性质及规模等与编制合并会计报表相关的事项，以合理制订审计计划；第三章"实施审计程序时的特殊考虑"第九条规定，注册会计师应当对被审计单位的合并工作底稿、抵销分录和其他合并资料进行重点审计；第十五条规定，注册会计师应当对集团内公司间的债权、债务、存货交易、固定资产交易、收入、支出以及其他重大交易及其未实现损益的抵销情况进行审计，以确定其影响是否消除；第十七条规定，注册会计师应当对合并会计报表中的少数股东权益和少数股东损益进行审计，以确定合并会计报表是否恰当反映少数股东权益及少数股东损益；第四章"编制审计报告时的特殊考虑"第二十五条规定，注册会计师应当特别关注是否存在未抵销的集团内公司间重大交易，并据以确定其对合并会计报表审计意见的影响。

（2）注册会计师未能有效执行应收账款函证程序，在对天津GX的审计过程中，将所有询证函交由公司发出，而并未要求公司债务人将回函直接寄达注册会计师处。2018年发出14封询证函，没有收到一封回函。对于无法执行函证程序的应收账款，审计人员在运用替代程序时，未取得海关报关单、运单、提单等外部证据，仅根据公司内部证据便确认公司应收账款，违反了《独立审计具体准则第5号—审计证据》的相关要求。例如：第二章"一般原则"第五条规定，注册会计师执行审计业务，应当在取得充分、适当的审计证据后，形成审计意见，出具审计报告。注册会计师应当运用专业判断，确定审计证据是否充分、适当。在第二章第十一条指出，审计证据的可靠程度可参照下述标准来判断：外部证据比内部证据可靠；注册会计师自行获得的证据比由被审计单位提供的证据可靠；不同来源或不同性质的审计证据能相互印证时，审计证据更为可靠。第十二条指出，注册会计师获取审计证据时，可以考虑成本效益原则，但对于重要审计项目，不应将审计成本的高低或获取审计证据的难易程度作为减少必要审计程序的理由。

（3）注册会计师未有效执行分析性测试程序，例如对于GX在2018年度主营业务收入大幅增长的同时生产用电的电费却反而降低的情况竟没有发现或报告；面对GX在2018年度生产卵磷脂的投入产出比率较2017年度大幅下降的异常情况，注册会计师既未实地考察，又没有咨询专家意见，而轻信GX管理当局声称的"生产进入成熟期"，违反《独立审计具体准则第11号——分析性复核》和《独立审计具体准则第12号——利用专家的工作》的相关要求。例如：《独立审计具体准则第11号——分析性复核》第二章"一般原则"指出，注册会计师在进行分析性复核时应当考虑会计信息各构成要素之间的关系以及会计信息和相关非会计信息之间的关系；第三章"分析性复核程序的运用"第十四条指出，注册会计师在对会计报表进行整体复核时，应当审阅会计报表及其附注，并考虑针对已发现的异常差异或未预期差异所获取的审计证据是否适当，是否存在尚未发现的异常差异或未预期差异；第四章"分析性复核结果的处理"第十七条指出，当分析性复核结果出现异常情况时，注册会计师应当进行调查，要求被审计单位予以解释，并获得适当的验证证据；如果被审计单位不予解释或解释不当，注册会计师应当考虑是否实施其他审计程序。而《独立审计具体准则第12号——利用专家的工作》第二章"一般原则"第四条指出，注册会计师可以根据需要，利用专家协助工作；第五条指出，在决定是否需要利用专家协助工作时，注册会计师应当考虑相关会计报表项目的重要性、相关事项的性质、复杂程度及其导致错报、漏报的风险；第七条指出，注册会计师可以在以下方面利用专家的工作：特定资产的估价。特定资产数量和物质状况的测定、需用特殊技术或方法的金额测算。

（4）天津GX审计项目负责人由非注册会计师担任，审计人员普遍缺乏外贸业务知识，不具备专业胜任能力，严重违反《独立审计基本准则》和《独立审计具体准则第3号——审计计划》的相关要求。例如：《独立审计基本准则》第二章"一般准则"第五条指出，担任独立审计工作的注册会计师应当具备专门学识与经验，经过适当专业训练，并有足够的分析、判断能力；《独立审计具体准则第3号——审计计划》第二章"一般原则"第七条指出，在编制审计计划时，注册会计师应当特别考虑以下因素：审计小组成员的业务能力、审计经历和对被审计单位情况的了解程度；第四章"审计计划的审核"第十七条规定，审计计划应当经会计师事务所的有关业务负责人审核和批准；第十八条指出，对总体审计计划，应审核以下主要事项：审计小组成员的选派与分工是否恰当。

（5）对于不符合国家税法规定的异常增值税及所得税政策披露情况，审计人员没有予以应有关注；在收集了真假两种海关报关单后未予以必要关注（例如注册会计师审查的几份事实上根本不存在的盖着"天津东港海关"字样的报关单上，每种商品前的"出口商品编号"均为空白，稍通外贸实务常识的人都能发现，这是违反报关单填写基本要求的）；对于境外销售合同的行文不符合一般商业惯例的情况，未能予以关注；未收集或严格审查重要的法律文件；未关注重大不良资产；存在以预审代替年审、未贯彻三级复核制度等重大审计程序缺陷，违反《独立审计具体准则第21号——了解被审计单位情况》《独立审计具体准则第5号——审计证据》《独立审计具体准则第3号——审计计划》《独立审计具体准则第6号——审计工作底稿》等多项准则的相关条款。

5. 结果——造假者受法律惩处

2021年9月，宁夏回族自治区银川市中级人民法院对GX刑事案做出一审判决，原天津GX董事长兼财务总监董某因提供虚假财会报告罪被判处有期徒刑三年，并处罚金人民币10万元。同时，法院以提供虚假财会报告罪分别判处原银川GX董事局副主席兼总裁李某、原银川GX董事兼财务总监兼总会计师丁功名、原天津GX副董事长兼总经理阎某有期徒刑二年零六个月，并处罚金3万元至8万元；以出具证明文件重大失实罪分别判处被告人深圳ZT会计师事务所合伙人刘某、徐某有期徒刑二年零六个月、二年零三个月，并各处罚金3万元。

6.民事诉讼

我国有关部门起草的《关于审理涉及中介机构民事责任案件的若干规定》（第一稿）第4条规定："中介机构所指派的执业人员在执业过程中违反执业准则，未尽高度注意义务或者忠实义务的，给委托人造成直接经济损失的，应当退还委托人交纳的委托费并承担相应的赔偿责任。如果中介机构所指派的执业人员已经严格遵守执业准则勤勉尽责也无法发现虚假成分的，中介机构不承担民事责任。"这个文件说明我国法律界已经重视独立审计准则的作用。

# 第5章

现金流量表常见财务舞弊手段

本章主要以现金流量表中常见的财务舞弊手段进行介绍，现金流量表对于投资人来说意义重大，有人关注就会有人造假。现金流量表的结构把企业的现金活动归类为：经营现金流、投资现金流、筹资现金流，在每一种现金流中又分为流入和流出。现金流量造假为财务舞弊常发科目，本章对其会计处理及实务处理都进行详细的介绍，同时对不同科目相对应的常见财务舞弊手段进行了分类及详细介绍，配合相应案例介绍便于理解。

接下来，本章下文将详细对现金流量舞弊识别进行详细介绍。

5.1 怎么看现金流量表

企业做生意无外乎：正常经营赚钱、赚不够筹钱、赚得多投钱。

踏踏实实赚钱——经营活动

赚的钱不够用——筹资活动

赚的钱做投资——投资活动

与资产负债表和利润表不同的是，现金流量表是按照收付实现制编制的。现金流量表就是介绍企业的钱从哪里来，用到那里去。我们通过流量表能够分析出企业是否存在风险。

企业的钱无非有两个来源，自己赚的或者是"借"别人的钱。

5.1.1 企业赚的钱——经营活动

企业的经营活动现金流与营收息息相关，也就是我们需要通过经营活动中的分析现金流入与营业收入的匹配度。其实很好理解，如果一个企业利润表很好看，业绩连年大增，但是经营活动现金流净额却时常为"负"，这就说明企业部分营收并没有收回现金，或者营收依靠营销促销，而营销等活动会导致现金流流出大增。无论是哪种，企业都是在

"白忙活"。对于投资者来说,长期赚不到真金白银的公司很可恨。

【案例 5-1】经营活动表现

HT 公司的经营活动匹配度如表 5-1 所示。

表 5-1 HT 公司匹配度

年份	2020	2019	2018	2017
营业收入（万元）	148.24	170.34	145.84	124.59
销售商品、提供劳务收到的现金（万元）	156.97	205.17	179.53	152.61
净利润（万元）	38.35	43.65	35.31	28.43
经营活动净额（万元）	32	59.96	47.21	40.74
销售收现比率	105.89%	120.45%	123.10%	122.49%
净利润现金比	83.44%	137.37%	133.7%	143.30%

HT 公司销售收现比率常年在 100% 以上，说明公司有大量的预收款项，先款后货的生意模式企业都想要，对于投资者来说这样的企业护城河稳固，未来业绩有保证。经营活动现金流净额常年高于净利润，也印证公司盈利稳定，现金流状况好。（销售收现比率是指销售商品提供劳务收到的现金与主营业务收入净额的比值。简单记，就是现金除以收入。）

5.1.2 企业借的钱——筹资活动

接着上个案例，企业没有赚到真正的钱，就需要筹资来维持正常经营和扩张。一种筹资是通过借款（银行借款或者是发行债券），数额过大时企业的风险就会很大，因为自身赚的钱无法偿还债务的话，雪球就会越滚越大，最后资不抵债破产。另一种是引进新股东，这需要结合股本具体分析。（发债或者发股）（如表 5-2 所示）

（以上假设并不绝对，如今很多企业盈利模式很好也会利用借款加杠杆，为了扩张提高市占率等目的）

表 5-2 筹资活动现金流

年份	2020	2019	2018	2017
筹资活动现金流流入（万元）	0	0.19	0.00	0.00
筹资活动现金流流出（万元）	26.47	23.33	18.57	16.35
筹资活动现金净额（万元）	-26.47	-23.1	-18.57	-16.35

近些年公司基本没有筹资活动，说明公司现金流充足，侧面也反映出公司业务盈利能力强；筹资活动现金流净额常年为"负"，基本都是分配股利支出，股息率还是不错的。

5.1.3 赚的钱做投资——投资活动

企业的钱除了用于维持日常经营支出以及偿还债务（经营活动与筹资活动中的现金流出）外，还有一部分会用于投资活动。

（1）用于固定资产、无形资产的投资。

这部分钱一般是企业用来购买厂房、生产设备、专利等，潜在目的是扩大生产经营或者是战略转型，投资者可预测企业该行对公司未来业绩的影响。

（2）用于股权投资。

这部分钱企业用来并购或者是入股其他公司，潜在目的可能是为了扩张产业链条，扩张新业务或者是战略转型。

（3）用于投资理财。

如果企业有大量的空闲资金，会选择购买理财产品来获利。当然很多企业经营业绩不好，也通过股票期货等高风险投资来获利，说白了就是"不务正业"。

投资活动中有一项"取得投资收益收到的现金"，与利润表中的投资收益有一定相似性，但是角度不同。

假如你买了100万元的股票涨了20%，对应利润表中有20万元的投资收益，但是如果你没有把这 120 万元的股票卖掉，那就是账面的收益，并没有实实在在的钱流入公司。

所以，这个现金流是用来衡量企业投资有没有实际收到钱，拿到手里才是王道。从这个逻辑出发，我们可以有这样的思考，一方面从投资收益出发去看上市公司是不是不务正业；一方面判断上市公司不务正业到底是赚到钱没，钱到手没。

此外，投资活动中还有一项是"处置固定资产和无形资产收到的现金"，这个金额过大并不好，比如很多 ST 公司年末为了满足不退市利润要求，选择变卖固定资产。

现金为王，必然凸出现金流量表的重要，很多公司在暴雷之前，都能通过现金流量表发生端倪，流向表更像是资产负债表和利润表的"照妖镜"。

5.2 现金流量表舞弊主要手段

5.2.1 筹资流入变成经营流入

借款或者发行证券是企业筹集资金主要方式，企业会把这部分现金流入归入筹资现金流入。相对应的，支付利息和普通股股利就应当被归为筹资现金流出。

可是投资人关注的又是经营现金流，怎么办，能不能把筹资得来的钱归类为经营现金流入？

（1）抵押存货借款

企业会把存货抵押给银行，然后从银行贷款，制造出存货卖掉收到钱的正常销售行为。

一般是在年末快关账的时候抵押给银行，等年关过了之后，从银行那里以一定的溢价买回存货。这样就造成当年度经营现金流虚高的假象。

（2）应收账款保理

我们在资产负债表造假手法中一再强调，保理业务的不当分类既可以影响资产负债表的指标，也可以影响现金流量表。

如果是真的全部转让应收账款，则可以把收到的钱归类为经营现金流入。但应收账款受让方如果保留了对企业的坏账的追索权，应当把这种现金流入归为筹资现金流入。

管理层的目的就是为了混淆视听，将其统统归类为经营现金流入。

5.2.2　经营流出变成投资流出

如果公司的经营流入现金不变，将经营现金流出划分为投资流出，这样就会增加经营现金净额，同时也会提高毛利率。

$$\boxed{经营现金流入} - \boxed{经营现金流出} = \boxed{经营现金净额}$$

（1）费用资本化（经营支出变成投资支出）

世界著名的财务造假案例，美国世通公司将其经营过程中，正常购买的通信线路成本予以资本化，在资产负债表确认为一项资产，这样就使得经营现金流出虚减。

2000年和2001年这两年，美国世通公司通过这种操作方法虚增经营活动现金流量50亿美元。

这种操作方式需要投资在阅读财务报表时仔细甄别，到底哪些是一家公司经营过程必不可少的支出，并将以归类为经营现金流出。

（2）虚构经营业务

同时虚增经营性现金流入与投资性现金流出。这样，一方面提高了经营活动现金流量，另一方面又不影响报表的平衡关系。

【案例 5-2】虚构经营业务造成股份风波

LT 股份 2018 年、2019 年、2020 年经营性活动净现金流量一直都很好，其手法就是同时虚增经营性现金流入与投资性现金流出。从财务报表中可以看到，LT 股份 2018 年至 2000 年三年间累计经营性现金净流入 177 734 万元，但同期投资性现金净流出 187 981 万元。LT 股份虚构收入的同时虚增了经营性现金流入，为了使现金流量净值保持真实水平，公司把虚增收入带来的现金流通过虚增投资名义消化掉，从而达到了捏造经营收入、虚增经营性现金流入的目的，让投资者误以为公司 2018 年至 2020 年 18.8 亿元的投资都是靠自我发展积累形成的，从而制造出公司经营规模不断扩大、运行良好、发展迅猛、创造现金流量能力很强的假象。

这种情形还包括：通过与客户签订"互帮式"合同，对方购买造假企业产品并预付一定预付账款，经营性现金流入。然后，造假企业则通过投资的方式进行"帮助"，根据对方提供的预付账款金额加上"好处费"的总额进行金额返还，投资性现金流出。

5.2.3 投资流入变成经营现金流入

一些公司的财务往往把闲置的现金投入到有价证券投资中，当公司需要现金的时候，再把这些证券卖掉。对于普通的公司来讲，这种经营活动并不是公司的主营业务，这种业务的收益应该作为投资收益列入投资活动产生的现金流量项目中。但在现实中，有些公司的管理层把自己当作了证券公司（只有在证券公司，证券交易收入才使公司核心经营收入的一部分），堂而皇之地将证券投资收入作为公司的主营业务收入，列入经营活动产生的现金流量中去。

【案例 5-3】炒作股票，虚增现金流

自 2017 年至 2021 年 8 月间，RT 电子公司共投入资金 6.8 亿元，大肆炒作本公司股票，RT 公司利用自己所掌握的中期财务报表、年度财务报表以

217

及成立北京东方网络管理公司等内幕消息，进行大量内幕交易，并将炒作本公司股票的高额利润作为公司的主营业务收入。为了使虚增的主营业务更真实，RT电子采取修改客户合同、私刻客户印章，向客户索要空白合同、粘贴复印伪造合同等四种手段，从2017年开始，先后伪造销售合同1 242份，合同金额17.2 968亿元，虚开销售发票2 079张，金额17.0 823亿元。同时，伪造了1 509份银行进账单，以及相应的对账单，金额共计17.0 475亿元，使经营活动现金流入虚增17.08亿元。凭借虚假的主营业务增长，东方电子在2019年到2021年实现了年均增长160%高速度发展，股票价值从上市初期的17.15元暴涨到330.60元。

5.2.4　粉饰"收到的其他与经营活动有关的现金"

"经营活动产生的现金流量"栏目中有一项是"收到的其他与经营活动有关的现金"，该项目反映了除主营业务以外其他与经营活动有关的现金活动，如罚款收入、流动资产损失中由个人赔偿的现金收入等。按理来讲，该项目金额应该较小，但是正如其他应收款成了某些上市公司资产负债表上会计处理的"垃圾筒"一样，该项目也极易成为现金流量表上藏污纳垢的隐身地。有的公司收回了"别人欠自己的钱"，虽然这笔钱与经营无关，但仍记入该项目。一些企业借用关联单位的现金款项，不把在筹资活动"借款所收到的现金"中反映，却列入"收到的其他与经营活动有关的现金"项目，从而增大了经营活动产生的现金净流量。

【案例5-4】关联方现金的粉饰作用

T上市公司2021年报现金流量表上"收到的其他与经营活动有关的现金"225 942万元，主要为收到的关联方往来款，占销售商品、提供劳务收到的现金近三成。

5.2.5 虚增现金流

企业对通过一些饮鸩止渴、不可持续的操作来虚增经营现金流，比如说延迟支付供应商货款、提前收回应收账款、减少采购等来虚增现金流。

（1）延迟支付供应商货款

供应商一般会提供给企业商业折扣，比如在折扣期 30 天之内付款，可以享受 2% 的应付账款折扣，延迟支付等于放弃了这些折扣。虽然会提高本期的现金流，但是对于股东的影响可想而知，试想什么样的理财产品能够达到一个月 2% 的收益。

【案例 5-5】延期支付改善现金流状况

美国 J 公司 2020 年应付账款的支付期限为 41 天，高于 2018 年财政年度的 34 天和 2019 年度的 22 天，分析师指出此举使 J 公司 2020 年度的经营性现金流增加了 8 亿美元，占当年 48 亿美元经营性现金流的 17%。从某种意义来说，这不失为一种良好的经营管理手段。但是这利用延长支付期限来改善现金流的方法，一般只能奏效一次。之后，J 公司只有通过不断提高营业能力，来获得持续增长的现金流了。

【案例 5-6】应付款增加，减少现金流量净额

M 股份 2019 年度实现净利润 2 296 万元，经营活动产生的现金流量净额 35 206 万元，后者是前者的 14.33 倍。一般来说，M 公司现金流量表揭示的本年度业绩不仅大大超过了损益表列报的利润，而且是可信的。不过，资产负债表显示，年末 M 公司各项应付款均有不同程度的增加，其中应付票据余额 16 276 万元，与年初余额 2 762 万元相比增加了 13 514 万元，主要是应付关联方中牧集团鱼粉采购款 14 327 万元。进入 2020 年 1 月，M 公司全额偿还了这笔鱼粉采购款。显然，如果该等应付票据项下的关联方采购款项在报告期内支付，必将大大减少经营活动产生的现金流量净额。如此编制现金流量表可谓十分典型的人为操纵。

(2) 提前收回应收账款

与延迟支付供应商货款相反，公司会提前收回客户货款，付出的代价时要给予客户更大的折扣。

(3) 减少采购

为了让现金流更加强劲，公司会再季度初期采购，季末的时候尽量消耗完这些季度初采购的物资，等到下个季度初再采购。

这样虽然增加了报表的现金流，但是对公司来说于事无补，降低了资产的周转效率，也有可能贻误生产时机。

上述这些操作都没有对公司股东带来实际的价值，而且是非持续性的，但是这种饮鸩止渴的方式有些管理层玩得不亦乐乎。

5.3 现金流量表舞弊识别

5.3.1 关注现金流量表准则提供的判断空间与选择余地

我国现金流量表格式采纳国际上较普遍的"三分法"，将现金收支分为投资、筹资和经营活动。这种"三分法"给现金流量表的分类留下一定的判断余地和选择空间。公司出于美化经营现金流的需要，将实质上属于投资、筹资活动的现金流入纳入经营活动现金流，将某些经营活动现金流出移至投资、筹资活动的现金流项目。于是产生了现金流量表的"会计选择"问题。较普遍的问题是票据贴现和应收账款出售，从理财的角度来看，票据贴现和应收账款出售是企业与银行等金融机构之间的融资行为，不应属于经营活动现金流，至少不应属于"销售商品、提供劳务收到的现金"。

【案例5-7】"三分法"的票据贴现

安徽Y公司2022年第一季度将应收票据背书转让4 318万元。在现金流量表中"收到其他与经营有关的现金"只有47.6万元,"收到其他与筹资有关的现金"只有80万元,显然票据贴现收到的现金不是计入上述项目,据此判断计入"销售商品、提供劳务收到的现金"。

按照现行准则,收购企业资产(既包括固定资产,也包括应收账款、存货等流动资产)所支付的现金全部计入投资活动支出。当收购资产中的应收账款产生现金回笼、存货实现现金销售时,却"理所当然"地计入了经营活动收到的现金。那么仅仅依靠收购营运资本(非货币的流动性资产减去非货币的流动性负债)为正的子公司,就可以获得经营现金流的增长。另外,拟收购的子公司或经营单位在收购完成前结清债务,而在收购完成后债权陆续回收,也可以提高收购公司的经营现金流。

5.3.2 关注理财策略、营销手段影响现金流收付的发生时间

具体方法包括加快货款回收,清理资金占用,延长采购付款期限,通过关联方代垫费用支出等方式。这种方法也可以与现金流量表分类的选择结合使用。这些方式往往只能带来经营活动净流量一次性的提高,甚至是以牺牲未来经营活动流量为代价。

【案例5-8】延迟支付货款和其他款项

某高校旗下ES公司2019年公开发行上市,发行当年和次年"经营活动现金流"为-860万元和1 726万元,远远小于"经营活动的利润"的4 334万元和5 718万元,说明各年度经营利润主要来自权责发生制下应计利润的增加,缺乏现金支撑,但这在当时并未造成该公司发行上市的障碍。2021年,ES公司申请配股,该年度现金流量表显示"经营活动现金流"有所好转,达到5 950万元,已经接近经营活动的利润6 126万元。但分析会计报表附注不难发现,2021年应付账款在年初9 731万元的基础上增加5 393万元,应付账款周转率也从2021年初比2020年初下降25%至8.7的基础上进一步降至6.41,说明ES公司通过延迟付款以减少当年现金支出。与此同

时，ES 公司其他应付款长期挂账，一年以上款项达 3 000 万元。假如 ES 公司在 2021 年不是有意推迟偿付应付账款和其他应付款，经营活动现金流将"难看"得多。公司为什么在 2019 年首次公开上市时对现金流指标并不在意，而在 2021 年申请配股时有益修饰呢？2020 年以来配股审核对应计利润和现金流指标的关注也许是合理解释。

5.3.3 关注对经营活动现金流直接造假现象

在实务中常见三种做法：

（1）将非经营活动甚至违规行为所得计入主营业务收入，同时计入销售收现，结果导致利润和现金及现金等价物余额都获得提高；

（2）配合收入造假虚构销售收现，同时通过虚构投资支出消化虚增的现金；

（3）为避免主营收入缺乏现金支撑的质疑而粉饰销售收现能力，虚增"销售商品、提供劳务收到的现金"，同时虚增"购买商品、接受劳务支付的现金"将虚增的现金部分抵消掉。

【案例 5-9】同时虚增主营业务收入与"销售商品收到的现金"

D 电子是以炒股所得支撑利润高速增长的神话，配合二级市场股价的炒作的典型案例。作为以电力自动化设备制造为主业的工业企业，D 公司竟然将逾 10 亿元炒股所得纳入主营业务收入，同时计入"销售商品、提供劳务收到的现金"，2019 年年报中主营业务收入高达 13.75 亿元（后调减为 8.71 亿元），相应的"销售商品、提供劳务收到的现金"达 11.09 亿元。2021 年，D 公司被迫进行重大会计差错更正，将 2019 年每股收益 0.52 元调减为 0.107 元，每股经营活动产生的现金流量净额 0.41 元下调至 0.12 元。

【案例 5-10】同时虚增"销售商品收到的现金"与"投资支出的现金"

轰动一时的 L 股份操纵财务报表的手法，虚增主营业务收入同时兼顾销售收现，虚增的现金通过投资活动现金流出中的"购买固定资产、无形资产和其他长期资产所支付的现金"被部分抵消,结果又虚增了长期资产。

【案例 5-11】同时虚增"销售商品收到的现金"与"采购支付的现金"

我们无法找到确证的例子,只能从一些公司会计报表的异常勾稽关系中进行推测。例如,新疆 YT 公司 2021 年度销售收入 5.77 亿元,销售商品收到的现金高达 8.34 亿元,而同期应收账款、应收票据和预收账款的变动合计只有几百万元,无法补平销售收现与销售收入之间的差距;2021 年度 Y 公司主营业务成本 4.39 亿元,采购货物支付的现金高达 7.41 亿元,同期应付账款、应付票据及存货的变动数千万元,也无法填平 2 亿多元的差距。因此我们似乎有理由怀疑 YT 公司是否同时虚增了"销售商品收到的现金"与"采购支付的现金"。